노빠꾸 학원
경영학 개론

스펙 없는 자퇴생에서
단기간에 '월 1억 학원'을 성장시킨 노하우

노빠꾸 학원 경영학 개론

이동헌 지음

나비의 활주로

학원가의 패러다임이 변하는 시기 -

곧 도태될 학원 원장님으로 남을 것인가?
더 성장할 학원 경영자로 변신할 것인가?

지금의 대한민국 학원가는 사상 최대의 호황을 누리고 있는 동시에 사상 최악의 위기를 눈앞에 두고 있다. 중요한 점은 앞으로의 변화가 지금까지 원장님들이 경험해 온 익숙한 패턴에서 완전히 벗어난다는 것이다. 과거에는 원생이 늘어나면 잘 관리해서 유지하고, 줄어들면 좀 더 열심히 노력하는 방식으로 충분히 대응이 가능했다. 거기다가 매년 일정한 패턴이 있었기 때문에 어느 정도 익숙해지면 그다지 어려운 점이 없었다. 하지만 앞으로의 10년 안에 닥칠 변화는 이 정도의 수준이 아니다. 과거의 변화가 강물의 찰랑거림 정도였다면, 앞으로 다가올 변화는 저 먼 바다에서부터 육지를 향해 몰려오는 거대한 쓰나미다.

지난 10년간 사교육비 지출은 꾸준히 늘어 2024년에는 30조 원에 육박했다. 이는 대한민국 사교육 역사상 최고의 금액이다. 이 정도의 금액이 어느 정도 큰 규모인지 조금 더 체감하고 싶다면, 한 해 의약품 시장 규모인 31조 원과 비교해 보면 된다. 아직 걷지도 못하는 아기부터 할머니, 할아버지까지 우리나라 5천만 국민이 1년 내내 사용하는 의약품 시장에 맞먹는다고 할 수 있다. 한국의 전체 경기가 불황이든 아니든 상관없이, 학원가는 놀라운 성장세를 보이며 호황을 누려 왔다고 봐도 무방하다. 심지어 사교육을 받는 학생의 숫자도 처음으로 80%를 넘어섰다. 10명 중 8명이라면, 그냥 길거리에서 만나는 모든 학생이 학원에 다닌다고 보면 된다는 이야기다. 이러한 점을 종합해 보면, 이제까지 한국 학원가의 성장세는 가히 대한민국 반도체 슈퍼 사이클 수준이다.

문제는 위기의 쓰나미도 동시에 오고 있다는 점이다. 지난 10년간 꾸준하게 인구가 줄었고, 특히 학령인구는 급격하게 떨어지고 있다. 2010년에는 1,000만 명 정도였지만, 2015년에는 700만 명 아래로 떨어졌고, 이제 500만 명 붕괴가 예상되고 있다. 2025년부터 출산율이 오르고 있다는 뉴스가 있기도 했지만, 그래 봤자 합계출산율 0.75명에서 0.80명으로 오른 것일 뿐이다. 인구가 동일하게 유지되는 수준인 2.1명에 비하면 턱없이 낮은 수준이다. 이러한 인구 소멸은 곧 학원 소멸을 의미한다.

하지만 이보다 더 충격적인 상황이 펼쳐지고 있다. 이제 학원 업계에도 인공지능AI이 본격적으로 활용되고 있다는 점이다. 아이들은 스스로 AI를 활용하고, 부모님도 AI를 활용해 자녀를 가르치기도 한다. 대형 학원에서는 이제 채점이나 진단 리포트 같은 간단한 업무는 모조리 AI의 업무가 되어 버렸다. 물론 AI가 아무리 발전한들 학원을 완전히 대체하지는 않겠지만, 근본적인 구조가 바뀌고 있다는 것은 엄연한 사실이다.

그렇다면 이러한 험난한 학원의 미래를 뚫고 나가기 위해 학원 원장님들에게 필요한 것은 무엇일까? 이제까지처럼 아이들을 잘 가르치기만 하면 될까? 학부모에게 친절하고 아이를 잘 케어하고 있는 모습을 보여주면 생존할 수 있을까? 안타깝지만 그럴 리는 없다. 학생이 줄어들고 경쟁은 더욱 치열해지는 상황에서는 이제까지와는 전혀 다른 방법이 있어야만 한다. 이제 학원 원장님들은 '1등 마인드를 갖추고 체계적으로 학원 시스템을 갖추는 학원 경영자'가 되어야만 한다. 탁월한 마케팅 능력과 눈길을 끄는 카피라이팅을 하는 학원, 학부모와 학생에 대한 치밀한 소통 능력을 갖춘 학원, 강사들이 온몸을 던져서 이끌어 가는 학원이 되어야 한다.

반면 이런 것들은 전혀 갖추지 못한 채 오늘도 저절로 알아서 입소문이 나길 기다리는 학원, 학부모가 원하는 것이 무엇인지, 학생들은 어떤 것을 기대하는지 분석을 하지 않는 학원, 월급만 챙기는 강사들이 많은 학원에게 미래는 존재하지 않는다. 어차피 세상은 이미 부익부 빈익빈의 시대로 진입했고, 학원가도 결코 예외는 아니다. '중간'이라는 애매한 회색지대는 사라지고, 탑티어 학원이 되거나 듣보잡 무명 학원으로 전락할 뿐이다.

2025년 연말, 나는 강남역 9번 출구 바로 앞에 있는 27층 규모의 하이엔드 주상복합 건물인 부티크 모나코Boutique Monaco에 입주했다. 바로 건너편에 삼성생명 본사가 있고, 옆에는 24층 규모의 GT타워가 있다. 대형 글로벌 기업들과 금융회사의 VIP 센터가 입주해 있으며, 최고급 카페와 은행의 VIP 센터, 프리미엄 헤어숍과 고급 스파 시설이 있다. 강남에서도 가장 강남스러운 최고급 건물이 바로 부티크 모나코이다.

대학 시절부터 공부방을 운영하며 개인 과외를 했던 나는 가끔씩

서울 강남에 올 기회가 있었다. 그때마다 인근의 대형 건물들을 보면서 이렇게 생각했다.

"와~ 도대체 저런 곳에는 어떤 사람이 사는 거야?"

한마디로 경외감 그 자체였다. 나는 그런 사람들에게는 범접할 수도 없을 듯했고, 그 건물에 입주하는 것은 꿈만 같았다. 그런데 나는 어느새 그 꿈만 같던 강남 최고급 건물 중 하나인 부티크 모나코의 엄연한 입주민이 되어 있었다. 말 그대로 감개가 무량했다. 하지만 감정적으로만 복받친 것은 아니었다. 그때부터 이제 나는 나의 미래를 더 이상 상상해 보지 않기로 했다. 내가 어디까지 갈 수 있을지는 나조차도 예상하기 힘들다고 여겼기 때문이다. 독한 마음을 먹고 전국을 대상으로 학원을 확장해 나갔던 단 4년 만에 이러한 성과를 만들었다면, 앞으로 또다시 5년이나 10년 후에 어떤 일이 발생할지 도대체 누가 상상할 수 있겠는가?

이러한 성장의 원리 자체는 매우 간단하다. 나는 어느 순간부터 '잘 가르치는 법'이나 '좋은 원장이 되는 법'을 넘어서 '학원 시스템을 구축하고 제대로 된 경영을 하는 법'을 연구하기 시작했기 때문이다. 그러니 그때부터 나의 정체성은 '공부방 선생님'이나 '학원 원장님'이 아닌,

'학원 경영자'가 되었다. 그리고 이를 이루기 위해서 수단과 방법을 가리지 않고 방법을 찾아 헤맸고, 실천했고, 피드백을 거쳐서 또다시 재도전했다.

물론 그 과정이 순탄했을 리는 없다. 그 과정이 얼마나 고통스럽고 독했는지를 가늠할 수 있는 것은 내가 가끔씩 '한강물은 따뜻할까?'를 걱정했다는 점이다. 평범한 일상을 살아가는 사람이라면 한강물의 온도를 걱정할 이유는 없다. 하지만 나는 학원 경영자가 되는 과정에서 죽고 싶을 만큼 코너에 몰린 적이 많았다. 직원들에게 월급을 줘야 할 시간은 째깍 째깍 다가오고 있었고, 학원이 입주한 건물주는 빨리 퇴거하라고 계속해서 문자가 날아왔고, 이번 달에 나가야 할 카드값은 상상 초월이었다. 그러니 한강으로 달려가고 싶은 마음이 든 적이 한두 번이 아니었다. 그런데 그나마 편하게 죽고 싶어서였을까? '한강물이 너무 차가우면 안 될 텐데…'라는 코미디 같은 걱정을 했던 것이다. 하지만 되돌아보면 내가 한강으로 달려가고 싶었을 정도의 절박함과 간절함 그리고 고통이 없었다면, 지금의 성과도 존재하지 않았을 것이라고 생각한다.

이 책은 지난 2025년 6월에 출간한 『노빠꾸학 개론』에 이은 두 번째 노빠꾸 시리즈이다. 첫 번째 책이 그간의 성장 과정을 자기계발적인 차원에서 풀어낸 것이라면, 이번 『노빠꾸 학원 경영학 개론』은 동네 공부방과 소형 학원들이 어떻게 제대로 된 학원으로 성장할 수 있는지에 대한 나의 모든 경험과 철학, 그리고 본질적인 원리와 구체적인 방법이 담겨 있다.

중요한 점은 나 스스로가 돈도 스펙도 없이 오늘날의 성장을 이끌어 왔으니, 지금도 돈을 탓하고 스펙을 탓하는 원장님에게는 더할 수 없이 딱 맞춘 내용이라는 점이다. 학원 원장님에서 학원 경영자가 되기 위해서 무엇부터 시작하고, 어떻게 해야 할지 모르는 사람이라면 더욱더 이 책의 안성맞춤 독자이기도 하다. 왜냐하면 그런 불안하고 혼돈스럽고, 갈피를 못 잡는 모습이 바로 과거의 내 모습이었기 때문이다.

나의 캐릭터를 설명하는 말을 스스로 꼽으라면 단연 '노빠꾸'라고 할 수 있다. 그냥 일단 한번 시작했으면, 걱정이나 불안 따위는 저 멀리 내동댕이치고 어떤 일이 있어도 뒤를 돌아보지 않고 전진해 나간다는 의미다. 물론 마음속 한편에는 불안과 두려움, 실패에 대한 걱정이 없는 것은 아니었지만, 오히려 그것마저 동력과 에너지로 삼아 앞으로 전진해 왔다.

미국 〈뉴욕타임즈〉의 베스트셀러에도 오른 책을 집필한 작가이자 유명 인플루언서인 맨디 헤일은 이런 말을 했다.

"앞으로 나아가기로 결심했다면 뒤를 돌아보지 마라. 당신의 운명은 결코 백미러에서 발견되지 않는다."

자동차에게 백미러는 안전을 위한 장치이지만, 삶에서의 백미러는 후퇴를 유인하는 위험한 함정일 뿐이다. 이 책을 손에 들었다면 이제 빠꾸할 생각은 버려야 한다. 그것은 이미 당신이 알고 있던 과거, 익숙했던 옛날의 패턴으로 되돌아가게 만들 뿐이다.

지금 학원 운영에서 희망과 자신감이 줄어들었다면, 그 이유는 과거에 원장 자신이 해왔던 생각과 행동 때문이다. 스스로 희망을 줄이는 방법을 써 왔고, 갈피를 잡지 못하는 길을 걸어온 결과일 뿐이라는 이야기다. 그러니 다시는 과거를 돌아볼 필요도, 그곳으로 되돌아갈 필요도 없다. 이제 그 백미러를 과감하게 부수고, 이 책을 통해 더 나은 학원의 미래와 희망을 향해 노빠꾸로 직진해 보자.

2026년 봄, 이동현

CONTENTS

STAGE 1

토대 마련을 위한 패턴 변화

진격의 마인드셋이 없으면
시작도 못하고
빈익빈 학원으로 소멸한다

20세기 영국의 문학과 사회 사상에 큰 영향을 미친 조지 버나드 쇼라는 사람이 있다. 그는 여러 통찰력 있는 말은 남겼는데, 그 중에 이런 것도 있다.

"자신의 마음을 바꿀 수 없는 사람은 아무것도 바꿀 수 없다."

우리는 살면서 마치 자신이 거대한 괴물과 같은 세상과 싸운다고 생각하지만, 사실 본질적으로는 자신과 싸우는 것일 뿐이다. 다만 늘 해오던 방법에서 벗어나지 못했기 때문에 매번 그 싸움에 졌고, 세상도 괴물처럼 보일 뿐이다.

학원 원장님에서 학원 경영자로 변신하는 일도 마찬가지다. 이러한 변화를 이뤄내기 위해 박사 과정의 대학원생처럼 책을 읽을 필요도 없고, 논문을 쓰기 위해 기를 쓸 필요도 없다.

우선 가장 먼저 자신의 생각과 행동부터 바꾸면 된다. 그러면 그때부터 학원 경영을 위한 토대가 서서히 마련되기 시작하고, 어느 순간 앞을 보고 뛰어갈 마음이 충분한 진격의 마인드셋이 완성될 수 있을 것이다.

아이들의 성적 향상을 위해서라도 '경영'은 필수다

내가 지금도 원장님들에게 "학원 원장에 머물지 말고 학원 경영자가 되시라"고 말하면 거부감을 가지는 분들이 있다. 경영이라는 것을 단순한 '돈벌이'라고 해석하고 아이들을 돈벌이의 대상으로 봐서는 안된다고 여기기 때문이다.

내가 학원에서 경영의 중요성을 처음으로 생각하게 된 것은 군대 전역 후 학원에서 알바를 하기 시작했을 때였다. 그때 나이 24살이었으니 지금 보면 어려도 한참 어릴 때였다. 처음에 했던 일은 단순히 수학 시험지를 채점하고 각종 잡일을 도맡아 하는 것이었다. 일주일에 한 번 정도 일했으니까 학원의 입장에서나, 나의 개인적 생활에서도 그다지 비중이 있는 일은 아니었다. 그저 잠깐 들러 돕고 돌아오는 정도의 가벼운 일에 불과했다. 그렇게 2주가 지났을 때 여성 원장님이 이렇게 말했다.

"수학 강사 해보실래요?"

느닷없는 제안에 처음 드는 생각은 '이건 뭐지?'였다. 주로 채점을 하기로 했던 상황에서 갑작스럽게 강의를 하는 내 모습을 상상하기는 쉽지 않았기 때문이다. 이유를 물어보니 기존의 수학 강사가 그만두었고, 그동안 지켜보니 내가 참 믿음직스러웠다는 것이다. 나를 두 번 보고 믿음직스럽게 느꼈다는 말을 선뜻 믿기는 힘들었지만, 그래도 약간 마음이 움직였다. 군대 가기 이전에 개인 과외만 했었기 때문에, 어엿한 학원에서 강사가 되는 건 한 번쯤 해보고 싶은 일이기도 했기 때문이다.

아이들의 성적이 오르지 않는 구조

수학 강사 일은 상당히 만족스러웠다. 아이들이 "동헌 쌤, 동헌 쌤"이라고 불러줘서 좋았고 심지어 어떤 아이는 "동헌 쌤, 아이돌 닮았어요"라고 말하며 귀여운 표정을 짓기도 했다. 또 내 강의를 들으면서 고개를 끄덕이고, 마치 대단한 공부의 길을 발견한 것 같은 얼굴은 그

자체로 나를 행복하게 했다. 달리기를 열심히 하다 보면 강렬한 행복
감과 쾌감이 밀려온다는 러너스 하이(Runner's High)가 있듯, 당시의
나에게는 학생들이 해주는 말과 반응에서 일종의 티처스 하이와 같
은 것을 느꼈다. 그때 나는 결심했다.

'그래, 정말로 찐 강사가 되어 보는 거야!'

정말로 아이들을 잘 가르치고 싶었다. 수업을 통해 아이들의 성적
이 눈에 띄게 올라가고, 그 덕분에 아이도 어머니도 만족스러운 미소
를 짓는 모습을 보고 싶었다. 누군가의 성장을 돕는 일은 나를 행복하
게 했기 때문이다. 그런데 조금씩 시간이 흐르면서 뭔가 턱턱 걸리는
느낌이 들었다. 원장님의 마인드에서 시작되는 학원의 운영 원칙 때
문이었다. 원장님을 늘 이렇게 말했다.

"보강은 뭐 너무 열심히 하려고 하지 마시고요, 그날 한두 번만 하
세요. 너무 많이 하면 제가 시급이 더 나가야 돼서 … 고딩 수업도 그
냥 대충 교과서나 쉬운 문제집으로 하시고요, 숙제도 그냥 거기에서
내시면 돼요."

그냥 너무 쉽게 쉽게 가려는 것 같은 느낌이 들었다. 흔히 하는 말

로 '날로 먹으려는' 태도라고나 할까? 심지어 학원에서는 한 달에 써야 할 A4용지의 양도 정해져 있을 정도였다. 하지만 이는 원장님의 알뜰함 때문이라고 보기는 힘들었다. 그전까지 원장님에 대해 가장 인상 깊었던 건 '샤넬백 언박싱'이었다. 가끔 원장실로 불러서 들어가면 원장님의 책상 위에는 샤넬백과 함께 박스, 포장지가 함께 놓여 있곤 했다. 다만 학원이 그리 잘되는 편은 아니었으니까 '뭐 남편분이 사업하신다니까 잘 되나 보다' 정도로만 생각하고 말았다. 하지만 의문은 어쩔 수 없었다.

'샤넬백은 자주 사는 사람이 학원에서 한 달에 쓸 수 있는 A4용지를 정해 놓는다?'

결국 원장님을 알뜰한 사람이라기보다는 원가를 최대한 줄이면서 저가 제품을 만들어내는 사업주 같았다. 어쨌든 뭔가 원장님의 학원 운영 마인드도 엉망인 것 같고 이해하기 힘든 운영 방식이었지만, 사실 나에게는 그것보다 좀 더 심각한 고민이 있었다. 그런 식으로 대충대충 아이들을 가르치는 것은 도저히 성적이 오를 수 없는 구조라는 점이다. 보강도 하지 않고, 쉬운 문제집으로만 아이들을 가르쳐서는 내 스스로 찐 강사가 될 수 없다는 생각이었다. 학생들이 실력을 키우려면 많은 보강으로 반복해서 설명해야 하는데 그럴 수 있는 환경 자체가 아니었다. 그때 나는 이렇게 결론 내렸다.

'이건 아이들이 성적이 오를 수 있는 구조가 아냐. 뭔가 시스템을 바꿔야 돼.'

"프린터 하나 더 놔드릴게요"

나는 정의감도 좀 있는 편이고, 특히 비효율적인 것은 참을 수 없는 성격이다. 그래서 시스템에 대한 고민을 하기 시작하면서부터 원장님에게 오너의 입장에서 내가 생각한 것을 하나씩 이야기하기 시작했다. 보강은 얼마를 하든 시급을 따로 주지 않아도 된다고 했고, 대신 내가 더 열심히 해서 아이들의 성적을 올리고 입소문을 만들어 보겠다고 했다. 거기다 학습 교재와 문제집도 내가 직접 선택해서 쓰겠다고 했다. 아이들에게 어떤 문제가 필요한지, 어떤 방식으로 설명해야 하는지는 결국 수업을 하는 내가 가장 잘 알기 때문이다. 지금 되돌아보면 그때 나의 신분은 분명 강사였지만, 내 마인드는 이미 경영자에 가까웠던 셈이다.

시스템을 바꾸기 시작하자 아이들의 성적이 오르고, 동시에 학생들이 늘어나기 시작했다. 그때까지만 해도 수학반에는 30명 정도가 일정하게 오르락내리락하는 수준이었다. 하지만 내가 본격적으로 나서면서 상황이 바뀌기 시작했다. 40명, 50명, 60명 … 그리고 최대 70명까지 불어났다. 원장님의 표정도 눈에 띄게 달라졌다. 그리고 나의 사소한 불편함까지 해소해 주려는 모습까지 보였다. 그때까지만 해도 강의실에 프린터가 없어서 수업 중에도 공용 공간으로 들락거려야 했는데, 그 모습을 보던 원장님이 말했다.

"강의실에 프린터 한 대 더 놔 드릴게요."

그때 나는 속으로 '역시, 원장님은 되게 깨어 있으시다. A4용지 사용도 제한하던 분이 강사의 보다 효과적인 수업을 위해 투자까지 하시다니!'라고 생각했다. 하지만 지금 보면 그런 게 아닌 것 같다는 생각도 든다. 샤넬 백을 계속 살 수 있다는 기대감으로 인한 소소한 투자였다고 할까?

어쨌든 학원을 오너의 입장에서 경영했던 나의 첫 시도는 대성공이었다. 다만 그 학원 자체가 그리 오래갈 수가 없었다. 어떤 사연이 있는지는 모르겠지만, 원장님은 학원 사업을 그만두려고 했고, 나에게 학원을 넘기고 싶어 했다. 다만 보증금 2천만 원을 달라고 하니 내가 그런 돈이 있을 리 만무했다. 나중에는 5백만 원까지 내려갔지만, 역시 하기는 힘들었다. 심지어는 보증금 필요 없이 위탁 경영을 할 테니 수익의 일부만 자신에게 달라고까지 제안했다. 그날 밤 나는 침대에서 베개에 코를 박고 외쳤다.

'와, 이건 대박인데!'

하지만 고민 끝에 책임 소지의 문제가 생길 것 같아 결국 포기하기는 했지만, 나는 당시에 벌어졌던 일련의 사건으로 인해 지금까지 가지고 있는 나의 철학과 신념 하나를 정립할 수 있었다. 그것은 바로 '학생들의 성적을 올리기 위해서라도 시스템을 바꿔야 하고, 그러기 위해서는 제대로 된 경영이라는 것을 해야 한다'는 것이었다. 아무리 좋은 티칭 실력과 열정을 가지고 있어도 학원의 구조와 운영 방식, 즉 시스템이 제대로 잡혀 있지 않으면 좋은 결과를 만들어 내기가 어렵다는 사실을 깨달은 것이다.

희소성의 세계로 진입하라

내가 지금도 원장님들에게 "학원 원장에 머물지 말고 학원 경영자가 되시라"고 말하면 거부감을 가지는 분들이 있다. 경영이라는 것을 단순한 '돈벌이'라고 해석하고 아이들을 돈벌이의 대상으로 봐서는 안된다고 여기기 때문이다. 거기다가 교육이라는 영역에 '경영'이라는 단어가 들어오는 순간, 뭔가 교육자로서의 순수함이 훼손되는 것처럼 느끼는 분들도 있다.

24살, 내가 경영을 염두에 두었던 이유는 절대 그런 것이 아니었다. 당시 강사였던 나는 학생 수가 100명이든, 150명이든 상관없다. 어차피 정해진 월급만 받을 뿐이고, 수고로움을 인정받아 더 받는 돈이 있어도 얼마 되지가 않는다. 나는 오로지 아이들의 성적을 올리고 싶었다. 공부 때문에 주눅 들어서 하던 학교 생활이 더 밝아지길 원했고, 자녀가 공부를 못해 속상하던 부모의 마음도 한결 가볍게 해 드리고 싶었다. 한 명 한 명의 성적이 오르고, 그들의 인생에 조금이라도 변화가 생긴다면, 강사로서 그보다 좋은 일이 뭐가 있겠는가? 하지만 그렇게 하기 위해서라도 시스템을 제대로 갖추어야 하고, 경영이라는 것을 해야만 한다. 그러니 경영은 절대로 단순한 돈벌이라고 볼 수 없다. 물론 돈이 훨씬 잘 벌리기는 하지만, 근본적인 목표는 그게 아니다. 아이들과 학부모도 살리고 나도 사는, 말 그대로 서로가 함께 행복하고 즐거운 시너지 효과를 만들기 위한 가장 효율적인 방법이다.

그뿐만 아니라 학원 원장이 아닌 학원 경영자가 된다는 것은 원장님 본인의 자기 성장에도 큰 도움이 된다. 이른바 '희소성의 세계'에 뛰어들어 자신의 가치를 한껏 올린다는 것을 의미하기 때문이다.

야구에는 유격수라는 포지션이 있다. 2루와 3루 사이에서 수비를 해내는 매우 중요한 역할이다. 물론 유격수는 수비만 잘해도 뛰어난 선수라는 평가를 받는다. 그런데 이 유격수가 타격도 잘하는 순간 엄청난 희소성이 생기면서 몸값도 천정부지로 뛰어오른다. 미국 메이저리그에서는 계약 기간 4년에 1억 달러, 우리 돈으로 1,400억 원 이상의 돈을 받게 된다. 희소한 사람이 되는 순간, 성공이 보장된다는 이야기다.

나 역시 이런 희소성의 세계를 경험했다. 수학을 잘 가르치는 강사가 경영에도 눈을 뜨고 그것을 실적으로 만들어내니까 그때부터 차원이 달라지기 시작한다. 이것은 지금 현재도 많은 원장님들에게 그대로 적용되는 학원 운영의 본질이다. 경영은 결코 돈벌이가 목표가 아니고, 교육의 순수성을 훼손하지도 않는다. 오히려 좋은 교육을 위해서라도 반드시 경영이 필요하고, 또한 경영의 마인드를 갖추기 시작하면 그때부터 원장님도 희소성의 세계로 진입하게 된다. 그리고 그때부터 동네의 수많은 다른 원장들과는 차원이 다르고 격이 높

아진 운영을 하면서 2~3배 빠른 속도로 진격을 해나갈 수 있기 때문
이다.

언제까지 돈과 노동시간을
1:1로 바꾸고 있을 것인가?

물론 지금도 많은 원장님들이 강사를 고용하고는 있
지만, 그저 2~3명, 4~5명을 쓰는 수준으로는 게임의 룰
이 바뀌지 않는다. 30명, 40명, 50명을 쓰는 것, 그리고
지금 현재의 나처럼 무려 80명으로 늘려 나가는 것이
야말로 진짜 인생을 바꿀 수 있을 정도로 게임의 룰을
바꾸는 압도적인 규모가 될 수 있다.

시스템 구축과 경영에 대한 초창기의 마인드를 갖춘 것을 계기로
나는 본격적으로 공부방을 운영하기 시작했다. 그리고 그때부터 수
년간은 말 그대로 파죽지세였다. 나 혼자 강의해서 최소 월 2,000만
원을 루틴하게 벌고 있었고, 많이 벌 때는 한 달에 3천만 원까지 찍을
수 있었다. 25살부터 30살이 넘도록, 내 또래의 친구들이 회사에 들어
가 한 달 월급 200~300만 원을 벌고 있을 때 나는 그 10배를 벌었던 셈
이다. 하지만 어느 순간 내가 일종의 쳇바퀴에 갇혀 있다는 느낌이 들

기 시작했다. 일단 모든 시간을 강의에 할애하다 보니 몸도 많이 힘들었고, 도대체 나를 위한 시간을 가질 수가 없었다. 거기다가 한 명의 강사가 벌 수 있는 돈이 한계치에 달했다는 생각도 들었다. 어느 순간부터는 시간을 더 투여해 봐야 500만 원 정도 더 벌 수 있을 뿐이다. 여기에서 '500만 원뿐'이라는 표현이 다소 어처구니없게 들릴 수도 있다. 누군가는 밤에 제대로 잠도 못 자고 투잡, 쓰리잡을 뛰어 겨우 500만 원을 버는데, 그러한 노력이 담긴 돈을 '500만 원뿐'이라고 말하다니.

하지만 비율로 계산해 보면 내 말도 이해가 갈 것이다. 3,000만 원을 버는 사람이 3,500만 원을 벌게 되더라도 고작해야 17%가 오른 금액에 불과하다. 그것은 마치 200만 원 벌던 사람이 234만 원을 벌 때의 느낌과 같다. 더 버는 건 맞지만, 도파민이 쏟아질 정도는 아니라는 이야기다.

부의 정의는 돈의 액수가 아니다

내가 수익의 한계치를 느끼기 전까지의 생활은 돈과 노동 시간을 1:1로 맞바꾸며 쳇바퀴를 도는 일에 불과했다. 물론 거기에 만족해서 가정을 꾸리고 해외여행을 다니면서 살아갈 수도 있다. 그리고 실제 많은 사람들이 한 달에 2천만 원을 순수익으로 번다면 충분히 만족할 수도 있을 것이다. 하지만 나는 거기에 만족하고 싶지 않았다. 지금보다 수익을 훨씬 많이 늘리면서도 내가 자유로울 수 있는 방법을 찾아 헤매기 시작했다. 유일한 탈출구는 '내가 일해서 돈 버는 방법'이 아니라 '시스템이 일해서 돈 벌게 하는 방법'이었다. 나를 충격으로 몰아넣었던 책의 문구들에는 이런 것이 있었다.

돈을 위해 일하는 것은 쥐 경주(Rat Race)에 갇히는 것이다. 부자는 돈이 자신을 위해 일하게 만든다. (로버트 기요사키, 『부자 아빠 가난한 아빠』)

서행차선 여행자들은 자유를 사기 위해 시간을 판다. 추월차선 여행자들은 시간을 사기 위해 시스템을 구축한다. (엠제이 드마코, 『부의 추월차선』)

부의 정의는 돈의 액수가 아니다. 돈 걱정 없이 당신의 시간을 온전히 당신 뜻대로 쓸 수 있는 상태, 그것이 진짜 부다. (모건 하우절, 『돈의 심리학』)

나는 더 이상 내 노동력을 태우는 방식으로 일을 하면 안 되겠다는 결심을 했다. 무엇보다 지난 10년간의 혹독한 생활을 통해서 내 몸은 거의 망가지다시피 했다. 만성 소화불량에 시달리면서 밥 먹는 것 자체가 고역이었다. 이러다가는 정말 큰 병에 걸리겠다 싶었다. 무엇보다 세상에 즐거운 일이 없어졌다. 하루의 대부분은 무표정하게 있었고, 활기찬 모습을 찾아보기는 힘들었다. 그저 꾸역꾸역 하기 싫은 일을 하는 사람처럼 기계적으로만 강의를 하고 있었다. 누군가는 하루하루 일해서 돈을 버는 게 인생 최대의 기쁨이겠지만, 나에게는 그저 지루한 루틴의 반복일 뿐이었다.

그때 한번 생각해 봤다. 만약 얼마의 돈이면 정말 도파민이 쏟아져 나올까? 한 달에 1억 정도면 될 것 같았다. 루틴하게 2천만 원 벌던 사람에게 1억이라면 충분히 그럴 만하다. 그러나 내가 공부했던 대로, 이 정도의 돈을 벌기 위해서는 내 노동력을 태우는 것으로는 불가능하고, 보다 확고한 시스템과 경영의 마인드가 갖춰져야 했다.

게임의 룰 자체를 다시 세팅한다는 것

세상의 모든 게임에는 각각의 룰이 있다. 농구를 할 때는 농구의 룰이 있고, 골프를 할 때는 골프의 룰이 있다. 이 게임에 참여할 때는 누구나 강제적으로 그 룰을 따라야만 한다. 그런데 내 인생의 룰은 그냥 내가 정하면 된다. 그런데 문제는 과거의 나도 그랬지만, 지금도 여전히 많은 사람이 '돈과 노동 시간을 1:1로 바꾸는 룰'을 처음부터 바꿀 수 없는 것으로 여기곤 한다. 직장인들은 물론이고 학원 원장님들도 이러한 룰을 바꾸면 큰 일이나 일어나는 것처럼 생각한다.

하지만 더 이상 내 노동력을 태우지 않겠다는 생각은 이러한 룰을 바꾸는 첫 번째 발걸음이자 매우 중요한 시작이다. 나에게 그 출발점은 내가 강의에서 완전히 손을 떼고 경영에만 몰입하고 강사들로만 수업을 진행하는 방식이었다. 따라서 나는 더 이상 '원장님'이 아니라 '경영자'로 완전히 변신하는 것을 말한다. 여기에서 학원 경영자는 끊임없이 강사를 성장시켜서 하나의 군대를 양성하는 사람이 된다. 그 전에는 '뛰어난 한 명의 전사'였다면, 이제 더 이상 전투에 참여하지 않고 스스로를 '장군'으로 격상시키는 일이나 마찬가지다. 이 장군은 뛰어난 전사들을 만나 영입하고, 진영을 짜고, 적을 섬멸할 아이디어와 전략을 짠다.

다만 이렇게 자신의 위상과 역할을 변화시키는 과정에서는 몇가지 심리적인 허들이 존재한다. 우선 첫 번째 허들은 규모가 적을수록 경영자가 되면 '손해'라는 생각이 든다는 점이다. 예를 들어 20명의 학생들로 한 달에 400만 원을 번다고 해 보자. 강사를 쓰지 않으면 오롯이 400만 원이 내 돈이 되지만, 강사를 쓰는 순간 내가 버는 돈은 200만 원으로 반토막이 나게 된다. 이러한 면만 본다면 당연히 강사를 쓰는 것이 오히려 손해가 되고 '차라리 내가 직접 강의하는 게 더 낫겠네!'라는 생각이 든다. 하지만 이것이야말로 가장 전형적인 '돈과 노동 시간을 1:1로 바꾸는 룰'이다. 안타깝지만, 그 룰 안에서 최종적으로 만날 수 있는 것은 수익의 한계치일 뿐이다. 그 이상으로는 아무리 더 많은 시간을 투여하려고 해도 시간이 없고, 더 많은 노력을 한다고 해봐야 몸만 축날 뿐이다. 그냥 '딱 거기까지'라는 이야기다.

하지만 룰을 바꿔서 학생 수를 60명으로 늘려서 전체 매출은 1,200만 원, 두 명의 강사를 써서 월급을 총 600만 원에 맞춘다고 해 보자. 내가 버는 돈은 기존의 400만 원에서 600만 원으로 불어날 수 있다.

더 중요한 사실은 내 시간과 정신력의 가치를 완전히 되찾을 수 있다는 점이다. 그간 강사로 직접 활동하면서 해야 했던 수업 준비, 상담, 학부모 응대, 수업 끝난 후까지 이어지는 모든 정신적 부담에서 상당 부분 자유로워지게 된다는 이야기다. 이런 자유로운 상태에서의 600만 원은 내가 열심히 강의해서 버는 400만 원에 단순한 '플러스 200'이 아니다. 내가 들어가는 시간과 노력이 최소화되기 때문에 실질적으로는 2~3배의 차이가 난다고 봐야만 한다. 이것은 마치 한 달 내내 출근해서 600만 원을 버는 것과 한 달에 10일만 출근하고 600만 원을 버는 느낌과 같다. 훨씬 자유롭고, 더 많은 전략을 짤 수 있고, 사업을 확장해 나갈 수 있는 더 많은 노력을 쏟아부을 수 있기 때문이다. 바로 이것이야말로 원장님들이 '게임의 룰'을 바꾸는 방식이다.

물론 지금도 많은 원장님들이 강사를 고용하고는 있지만, 그저 2~3명, 4~5명을 쓰는 수준으로는 게임의 룰이 바뀌지 않는다. 30명, 40명, 50명을 쓰는 것, 그리고 지금 현재의 나처럼 무려 80명으로 늘려 나가는 것이야말로 진짜 인생을 바꿀 수 있을 정도로 게임의 룰을 바꾸는 압도적인 규모가 될 수 있다.

'내가 원장이니까' 라는 희생 마인드

두 번째 심리적 허들은 '변수에 대한 두려움'이다. 강사를 많이 고용하게 되면 여러 가지 예상치 못한 일이 생길 수밖에 없다. 강사가 말을 듣지 않는다든지, 느닷없이 그만둔다든지, 혹은 학부모와 문제를 일으킨다든지, 강사끼리 싸움을 하는 등의 문제이다. 강사가 늘어나면 늘어날수록 이런 일은 점점 더 많이 생기고 원장은 골치 아픈 상태에 처할 수도 있다. 사람은 누구나 그렇듯, 이러한 변수를 본능적으로 회피하고 싶어 한다. 인간은 예측 가능한 환경을 '안전하다'라고 느끼고 그렇지 못한 변수가 많은 환경을 '위험하다'라고 여길 수밖에 없다. 그러니 이러한 변수에 대한 두려움, 자신이 위험해지는 일에 대한 불안 때문에 결국에는 강사의 수를 늘려 가지 못하게 된다. 그냥 혼자서 모든 것을 감당하게 되면 변수가 최소화되고 안전감을 느낄 수 있기 때문이다. 하지만 이는 구더기가 무서워 장을 안 담는 것과 같다. 비유하자면 공장을 운영하면 번거로운 일이 많이 생긴다는 이유 때문에 압도적인 생산량을 포기하고, 그냥 가내 수공업의 상태에 머물겠다는 이야기다.

세 번째 심리적인 허들은 바로 '내가 원장이니까'라는 희생 마인드다. 예를 들어 학원에 휴지가 떨어져 있다고 해 보자. 아마 다수의 원장님들이 그것을 보자마자 손수 주워서 치울 것이다. 이때 작동하는 심리가 '어차피 내가 원장이니까'라는 마인드이다. 쓰레기 하나 줍는 것을 두고 강사에게 시키기도 좀 그렇고, 시키려면 또 시간이 드니까 차라리 내가 사장이니 그런 일쯤은 내가 해버리는 것이 낫다고 여긴다. 거기다가 학원이 잘되면 내가 돈을 많이 버니까 그런 희생쯤은 참아도 된다고 생각한다. 물론 '참 좋은 원장님'인 것은 맞을 수도 있겠지만, 다른 한편으로는 '시스템을 망치는 원장님'이라고 볼 수 있다. 엄연히 학원 내 청결의 문제는 강사, 조교, 직원들이 해결해야 할 문제이다. 따라서 이럴 때 원장님이 손수 쓰레기를 치우는 것은 학원 내부의 청결 시스템을 망치는 일이라고 봐야만 한다.

학원 경영자가 되기 위해서라면, 나는 역설적으로 많은 원장님들이 500만 원 정도는 우습게 봐야 하고, 청소 따위는 하지 말고, 혼자서 정성을 들이는 학원 운영은 하지 말라고 조언한다. 차라리 그 500만 원을 투자해서 1,500만 원을 더 벌겠다는 생각을 해야 하고, 청소를 시스템에 편입시켜 자동적으로 행해져야 한다. 그리고 더 나아가 안정적인 가내 수공업은 집어치우고 부족한 면이 있어도 공장을 운영해야만 한다. 이러한 단계에 진입할 때 학원을 운영하는 게임의 룰을 바꿀 수 있고, 삶의 방식도 변화시킬 수 있기 때문이다.

성공의 동력은 돈과 스펙이 아니라 절박함과 분노다

많은 사람들을 만나 보다 보면 자연스럽게 늘 실패하는 사람들의 한 가지 공통점을 발견하게 된다. 그것은 바로 조금 해보다가 안 된다 싶으면 바로 포기해 버린다는 점이다. 한마디로 '찍먹' 정도만 해보고 아닌 것 같다 싶으면 서둘러 포기하는 사람들이다.

돈과 스펙은 우리 사회에서 성공의 기본 조건이라고 말해진다. 돈은 더 많은 돈을 벌 수 있는 기본적인 힘이 될 수 있고, 스펙은 자신의 실력을 증명하고 타인에게 신뢰를 얻을 수 있는 수단이 된다. 그러니 그 어떤 분야에서든 든든한 무기가 될 수밖에 없다. 그런데 이 말은 곧, 돈과 스펙이 없으면 성공의 가능성이 낮다는 의미이기도 하다. 물론 나도 처음에는 그렇게 생각했고, 주변의 친구들도 핀잔 주듯 이렇게 말했다.

"돈도 없고 스펙도 없는 네가 무슨 성공이냐?"

하지만 역설적으로 진짜 성공의 비결은 바로 이러한 환경에서 시작된다고 본다. 다른 선택지가 없기 때문에 더 버티고, 더 배우고, 더 시도하게 된다. 결국 실제로 돈과 스펙이 성공에 약간의 도움이 될 수는 있어도 결정적인 역할을 한다고 보기는 매우 힘들다.

우리 모두가 아는 커피 체인 스타벅스의 창업자 하워드 슐츠는 뉴욕 공공임대 주택에서 성장한 가난한 트럭 운전사의 아들이었다. 지금도 세계적인 맹위를 떨치고 있는 일본 자동차 산업의 전설적 창업자 소이치로 혼다는 초등학교 졸업 학력의 정비공 출신이었다. 기네스 세계 기록에 '미국 최초의 자수성가 여성 백만장자'로 기록된 마담 워커는 흑인 공장 노동자의 딸로 태어났으며, 10살 때부터 목화 농장에서 일을 시작했다. 돈과 스펙이 없으니 성공을 하지 못한다는 말은 사기에 가까우며, 보다 정확하게는 '절박함과 분노가 없기 때문에 성공하지 못한다'라고 봐야만 한다.

경영자로서 빵점인 태도

학창 시절을 떠올려 보면 공부를 못해 친구들에게 은근히 무시당하고, 선생님에게도 인정받지 못하지만 늘 웃으며 지내는 친구들이 있다. 성격이 좋다고 말할 수도 있고, 긍정적이라고 볼 수도 있다. 왜 그렇게 자신의 상황에 만족하며 사는지는 정확히 알 수 없지만, 적어도 절박함이나 분노가 없는 것은 분명해 보였다. 물론 그런 성격이라고 해서 그것이 나쁘다고 볼 수는 없다. 이 세상에는 다양한 역할이 있으며 삶의 방식도 천차만별이기 때문이다. 하지만 경영을 하는 사람이라면 이야기가 달라진다. 냉정하게 말해 이런 태도는 빵점에 가깝다고 해도 과언이 아니다. 물건이나 서비스가 팔리지 않아 매달 적자를 보고 있는 상황에서 절박하지 않다는 것은 사실상 망하는 길로 들어서는 것과 다르지 않다. 또 자신의 뜻대로 사업이 풀리지 않는 상황에서도 분노가 생기지 않는다면 그 역시 스스로 무덤을 파고 있는 것과 마찬가지다.

나는 경영자가 되기로 결심하면서 수많은 강사와 직원, 그리고 원장님들을 만나 보았다. 과거에는 늘 만나던 학생들만 대면하면서 수업을 하면 그만이었지만, 시스템을 구축하기 시작하면서부터는 '사람과의 전쟁'이라고 해도 과언이 아니었다. 좋은 강사를 뽑아야 했기 때문에 수많은 지원자를 면접하고, 관리하고, 또 해고까지 해야 했다. 학원 리브랜딩 컨설팅 사업을 할 때에도 상황은 크게 다르지 않았다. 많은 학원 원장님들을 만나 이야기를 들어보고, 문제의 원인을 함께 찾고, 해결 방법을 제시하고, 실행 여부를 판단하며 다시 조언을 하는 과정을 반복한다.

이렇게 많은 사람들을 만나 보다 보면 자연스럽게 늘 실패하는 사람들의 한 가지 공통점을 발견하게 된다. 그것은 바로 조금 해보다가 안 된다 싶으면 바로 포기해 버린다는 점이다. 한마디로 '찍먹' 정도만 해보고 아닌 것 같다 싶으면 서둘러 포기하는 사람들이다. 처음에는 의욕적으로 시작하지만 조금만 벽에 부딪히면 금세 흥미를 잃고 다른 것을 찾아 떠나버린다. 그렇게 이 일 조금, 저 일 조금 건드리다 보면 결국 아무것도 해내지 못한다.

나는 그런 사람들이 참 이해가 되지 않아서 도대체 왜 그런 선택을 하는지 오랫동안 고민해 봤다. 답은 결국 하나였다. 바로 절박함이 없고, 자신의 현 상황에 대해 분노하지도 않는다는 점이었다. 반대로 변화해야 한다는 절박함을 가지고, 지금의 상황이 계속 지지부진하게 이어지는 것에 대한 분노를 느끼는 사람들은 대부분 자신의 목표를 이루곤 했다.

왕창 먹고 나서 맛보기

과거의 나는 혼자서 한 달에 2~3천만 원을 버는 상황이라서, 사실 절박할 이유가 별로 없을 수도 있다. 하지만 나는 그것에 만족할 수 없었고, 일부러 절박한 상황을 만들고 나를 절벽 아래로 떠밀었다. 좀 쉽게 말하자면, 일단 일을 저지르고 난 후에 뒷수습을 하는 스타일이기도 하다. 대책도 없이 덜컥 학원 사무실 임대 계약을 하는가 하면, 사람이 괜찮다 싶으면 원래의 월급 예산을 훌쩍 초과해 강사들을 뽑기도 했다. 이렇게 하면 이제 빼도 박도 하지 못하는 그 절박함 속에서 엄청난 추진력과 실행력을 일으키는 방식이다. 다만 죽어라 뒷수습을 하고 나면, 매 단계에서 성과를 쌓아나갔고, 자신도 모르게 업그레이드가 됐다.

내가 이런 방식으로 절박감을 끌어올린 것은 처음 과외를 시작할 때부터이기도 했다. 한 번은 아버지의 지인으로부터 고3 학생에 대한 과외 상담이 들어온 적이 있다. 수학에는 꽤 자신이 있었지만 군대 생활을 2년 넘게 하면서 수학을 가르칠 기회가 없었기 때문에 티칭 실력은 한창 떨어져 있었다. 심지어 중학생 수준에서도 바로 수학의 개념을 설명하기 힘들 정도로 감각이 무뎌져 있었던 것이 사실이었다. 대부분 이런 상태의 강사라면 과외를 거절하게 마련이다. 누군가의 인생이 걸린 문제에서 자신도 없는 상태에서 선뜻 나서기는 꺼려지기 때문이다. 하지만 이런 생각이 들었다.

'그래 내가 지금 당장 고3 수학에 자신이 없다고 치자. 그러면 앞으로도 계속 자신이 없어야 하나? 앞으로는 또 다른 문제 아니야?'

이런 생각이 들자마자 아버지에게 "네, 고3도 충분히 가능합니다!"라고 말한 뒤에 그때부터 다시 고등수학을 공부하기 시작했다. 며칠 밤을 새울 정도로 일단 기본을 확실하게 한 뒤에 내일 가르칠 부분을 오늘 공부하는 방식으로 고3을 지도했고 실제로 그 학생은 5등급에서 3등급까지 올라갔다. 이러한 방식은 '일단 저지르고 수습하면서 나를 업그레이드 하는 전략'이라고 할 수 있다.

리처드 브랜슨의 성공 방정식

이런 방식으로 거대한 사업을 일군 경영자가 있다. 항공, 통신, 금융, 철도 등 50개가 넘는 계열사를 거느린 미국 버진그룹의 리처드 브랜슨 회장이다. 그는 대형 항공사의 서비스에 불만을 품고 자신만의 차별화된 항공사를 운영하려고 했다. 그런데 그때만 해도 그는 항공업에 대한 지식은 거의 전무했다. 하지만 그는 사업을 결심하자마자 곧바로 보잉 747 한 대를 빌리고 그때부터 항공업에 대해 알아나가기 시작했고 결국 대성공을 거두었다. 물론 그가 이런 식으로 했던 모든 사업이 다 성공하지는 않았다. 특히 콜라나 보드카 사업에서는 뼈아픈 실패를 하기도 했다. 하지만 일단 시작한 후에 절박하게 사업을 이끌어 가는 그의 스타일은 오늘날 거대한 '버진 제국'을 일구는 밑거름이 된 것만큼은 틀림없다. 그는 이런 명언을 남겼다.

"누군가 당신에게 엄청난 기회를 제안했는데 당신이 그 일을 할 수 있을지 확신이 서지 않는다면, 일단 '예스'라고 말하세요. 그러고 나서 어떻게 하는지 나중에 배우면 됩니다."

리처드 브랜슨과 나에게는 공통점이 하나 있다. 일단 저지르고 그 뒤에 수습하는 방식을 활용한다는 점에서 '찍먹'을 통해 맛을 보는 것이 아니라, 일단 왕창 먹고 난 후에 맛을 보는 스타일이라고 볼 수 있다. 이러한 방법은 자신에게 절박함이 별로 없고, 그래서 실행력과 추진력이 없다고 생각하는 사람에게 꼭 필요한 방법이라고 생각한다.

그뿐만 아니라 앞에서도 이야기했듯, 실제 지금의 학원업은 사면초가 직전이다. 동네에서 1등을 하지 못하는 고만고만한 학원들은 학령 인구의 감소와 인공지능이 만들어 주는 압도적인 효율 앞에서 쓸려 나갈 수밖에 없다. '지금부터 내 학원이 망하기까지 3개월밖에 남지 않았다'라고 생각해야만 한다. 그러면 느긋하게 생각할 겨를이 사라지고, 넋 놓고 있는 시간이 시시각각 아까울 수밖에 없다

우주로 향해 날아가는 로켓

우주로 향해 날아가는 로켓에는 크게 두 가지 종류의 에너지가 필요하다고 한다. 이제 막 발사된 첫 단계에서는 수백 톤에 해당하는 기체를 하늘로 끌어 올려야 하는 것은 물론이고, 지구의 중력을 끊고 공기의 저항까지 뚫고 가야 한다. 따라서 발사 초반에는 절대적인 폭발력과 최대치의 에너지가 한꺼번에 필요하다. 실제 로켓은 발사 직후 약 8~10분 동안 전체 연료의 85%~90%를 쓴다고 한다. 하지만 대기권을 벗어난 뒤에는 좀 다른 상황이 펼쳐진다. 더 이상 공기의 저항이 없는 것은 물론, 이미 운동 관성이 적용된 상태이기 때문에 그때부터는 연비 좋은 에너지가 필요하다.

미래로 향하는 학원 원장님들의 진격도 마찬가지다. 어느 정도 궤도에 오르기 전까지 자신의 습관, 생각, 행동을 바꾸기 위해서는 이제

까지 없었던 독한 결심으로 실천을 해야만 한다. 특히 기존의 관성을 깨야 하기 때문에 평소보다 훨씬 큰 에너지가 요구된다. 이것을 가능하게 하는 것이 바로 절박함과 분노이다. 스스로의 퇴로를 차단해서 빠꾸를 하고 싶어도 할 수 없도록 만들어야 하고, 자신의 성공을 증명하겠다는 생각으로 분노의 아드레날린을 솟구치게 해야 한다. 실제 심리학에서도 이 절박함과 분노는 실행력을 극대화한다고 한다. 이제 돈이 없다거나 스펙이 없어서 성공을 하기 힘들다는 말 따위는 집어치워야 한다. 그것은 자신의 게으름에 대한 핑계일 뿐이기 때문이다.

자존심, 자부심, 자아는 성장을 방해하는 무거운 갑옷일 뿐이다

앞을 향해 달려 나가려면 몸도 마음도 가벼워야 한다. 하지만 자존심, 자부심, 자아와 같은 무거운 갑옷을 입고서는 빠르게 뛰어 나갈 수가 없고, 계속해서 고집 하면서 느리게 걷다가 결국 쓰나미에 휩쓸려 버릴 뿐 이다.

어느 업계에나 '신화'라는 것이 있다. 들어보면 일견 그럴듯해 보이기는 하지만, 실제로는 현실에 잘 맞지 않거나 과장되어 있는 허구적인 이야기들이다. 예를 들어 '예술가는 늘 배가 고프다'라거나, 'IT 개발자들에게 밤샘 업무는 일상이다'와 같은 말이다. 하지만 실제 돈 잘 버는 예술가는 그 스스로 1인 기업 수준으로 많은 돈을 벌기도 하고, IT 개발자도 칼퇴근을 하는 경우가 부지기수다. 학원 업계에도 이런 신화가 있는데, 그것은 바로 티칭 실력이 좋으면 동네 학부모들이 알아봐 주고, 자연스럽게 학원을 통해 많은 돈을 벌 수 있다는 말이다.
즉 '티칭 실력=돈'이라고 여기는 것이다.

나는 리브랜딩 컨설팅을 하면서 거의 500명에 가까운 원장님들에
게 컨설팅을 해 주었고, 지금도 정기적으로 방문하는 곳만 50여 군데
가 된다. 한마디로 웬만한 캐릭터의 원장님들은 다 만나 봤다고 해도
과언이 아니다. 거기다가 티칭 실력에 있어서도 나보다 월등해 보이
는 분들도 많다. 석사, 박사 학위자도 있고, 대부분은 10년 이상 학원
업을 해 오신 분들이다. 10년이라면 웬만한 산전수전 공중전은 다 겪
어 봤다고 할 수 있다. 그럼에도 불구하고 원장님들이 나에게 컨설팅
을 받는 것은 기대했던 만큼의 돈을 벌지 못하기 때문이다. 많은 분을
만나고서 내가 내린 결론은 하나다.

'자존심, 자부심, 자아를 버리지 못하면 절대로 학원을 성장시키는
진격의 마인드셋을 갖출 수 없다.'

70대 회장님의 깍듯함

내가 대구에 머물 때면 늘 가는 짐(gym)이 있다. 그런데 그곳에는

대구 사람들이라면 이름만 들어도 알 수 있는 지역 그룹사의 70대 회장님이 오시곤 한다. 가끔 그분과 같은 시간에 운동을 하게 되면 그분의 태도를 유심히 관찰하기도 했다. 그런데 하나의 특징이 30대 초반의 트레이너를 엄청나게 깍듯하게 모신다는 점이다. 트레이너를 '선생님'이라고 부르면서 존댓말을 쓰는 것은 물론, 한마디 한마디를 놓치지 않으려고 하고 혹시 자신이 트레이너의 말과 어긋나는 운동을 하는 건 아닌지 꾸준하게 확인받는다.

프로야구에서도 선수가 기존 계약에서 자유로워지는 FA 상태가 되면 자신의 실력을 한층 끌어올려야만 한다. 그래야 더 좋은 다음번 계약을 할 수 있기 때문이다. 그때 그들이 간절하게 목을 매는 대상이 바로 야구 트레이너들이다. 그들은 트레이너에 비하면 수백, 수천 배의 돈을 벌면서도 평소 자신이 해왔던 운동 루틴을 모두 내려놓고 완벽하게 트레이너의 말에 몰입한다.

70대 회장님이나 프로야구 선수라면 오랜 시간 자신의 방식으로 성과를 만들어 온 사람들이다. 그러기에 스스로의 판단과 경험에 대한 확신도 강하고 자존심도 셀 수밖에 없다. 하지만 그들도 결국 새로운 변화를 위해서라면 자존심을 모두 내려놓고 '시키면 시키는 대로 하는 사람'이 된다. 즉, 수용력이 매우 강한 사람으로 변한다는 이야기다.

　학원 원장님들 중에서는 시키면 시키는 대로 하지 않는 사람, 즉 자존심이 너무 강해 수용력이 현저하게 떨어지는 사람들이 상당수다. 학원의 매출을 늘리는 A부터 Z까지의 방법을 모두 알려 드린다고 한들, 정작 그것을 받아들이지 않는다는 이야기다. 설명을 들으면서도 마음속에서는 '우리 학원은 조금 다르지'라고 생각하거나 '그 방법은 여기 동네에서는 안 통할 텐데'라고 먼저 선을 긋는 것처럼 보이기도 한다. 그럴 거면 왜 리브랜딩 컨설팅을 받는지 모르겠지만, 어쨌든 이러한 낮은 수용성은 새로운 변화를 위한 최대의 걸림돌 중 하나라고 봐도 무방하다. 새로운 방법을 들었지만 실제 행동으로 옮기지 않는다면 아무 변화도 일어나지 않는다. 자존심이라는 성에 갇히게 되면 계속해서 과거에 머물게 되고, 끊임없이 빠꾸하는 결과를 낳을 뿐이다.

　두 번째는 자신의 실력에 대한 자부심이 너무 강한 원장님들도 많다. 그들은 실력만 좋으면 학부모들이 알아봐 준다고 여기고, 만약 학부모들이 그렇지 않을 경우에는 정작 학부모들을 이상하다고 여긴다. '왜 나 같은 실력 좋은 원장을 못 알아보지?'라며 투덜대는 셈이다. 다르게 표현해 보자면 본인 잘난 맛에 사는 사람들이라고 볼 수도 있겠다.

사실 조금만 생각해 봐도 이러한 실력에 대한 너무 강한 자부심과 믿음은 성장을 막고 있다고 볼 수 있다. 물론 자신의 실력을 믿는 태도 자체는 나쁜 것이라고 보기는 힘들다. 문제는 그 믿음이 지나치게 강해지면서 다른 사람의 평가나 시장의 반응을 받아들이지 못하게 된다는 점이다. 예를 들어 한 음식점이 있다고 해 보자. 본인은 스스로를 최고의 셰프라고 생각하지만 정작 장사는 잘되지 않는다고 해 보자. 그러면 이건 셰프의 잘못일까, 동네 소비자의 문제일까? 실제로 맛이 없었든, 혹은 음식점을 잘 알리지 못했든 결국 모든 잘못은 셰프 본인으로 귀속될 수밖에 없다. 그럼에도 '이 동네 사람들은 음식 맛이라는 걸 몰라!'라고 말하는 것은 온당하지 못한 것을 넘어 다소 어처구니없는 것이기도 하다.

상향 응용이 아닌 하향 응용

마지막 세 번째는 자아가 너무 강한 분들이다. 여기에서의 자아란, 제시된 방법을 그대로 따라 해 보지도 않은 상태에서 자신의 견해를 섞어 본인만의 색깔을 넣으려고 하거나, 혹은 100의 강도로 실천을 하라고 했는데 그냥 혼자서 50으로 설정해 버리는 일련의 경향을 말한다. 말하자면, 방법을 배우는 단계에서부터 이미 자기식으로 변형

해 버린다는 이야기다.

물론 누군가의 조언을 듣는다고 하더라도 자신의 견해로 해석하는 일은 충분히 가능한 일이다. 누구나 자기 방식과 루틴이 있기 때문이다. 하지만 현재 자신의 상황이 그리 좋지 않다면 우선 있는 그대로를 따라 한 후에 성과의 맛을 보는 단계가 먼저다. 내가 지름길을 알려주는데도 자꾸 "여기 이 샛길이 나은 것 같은데?"라고 고집하고, 100의 강도로 실천하라고 했는데 "50 정도만 해도 되지 뭐"라고 여기면 문제의 해결은 사실상 불가능하다.

더 나아가 뭔가를 응용한다고 하더라도 상향 응용이라면 그나마 다행이지만 거의 대부분 하향 응용이다. 해야 할 강도를 줄이고, 해야 할 과정을 생략하며 결국 원래의 방법과는 전혀 다른 결과물을 만들어 내는 경우가 많다. 결국 자아가 강하다는 것은 때로는 자신을 지키는 힘이 되기도 하지만, 변화의 과정에서는 오히려 성장을 가로막는 장애물이 되기도 한다.

이러한 자존심, 자부심, 자아가 일으키는 최대의 문제는 제대로 된 '인풋'을 방해한다는 점이다. 새로운 지식을 받아들이고, 다른 사람의 방법을 배우고, 낯선 방식을 시도해 보는 과정 자체를 막아버리기 때문이다. 한 개인의 발전이든 학원 매출의 향상이든 끊임없이 지식을 쌓고 실제로 경험해 보고 그 결과 성공과 실패를 모두 겪어 봐야만 한다. 그래야 비로소 무엇이 맞고 무엇이 틀린지에 대한 감각이 생기기 시작한다. 그리고 이러한 수많은 인풋의 과정에서 드디어 자신만의 지혜, 통찰, 노하우가 생기게 된다. 그리고 이렇게 터득된 것들이야말로 그 어떤 위기 속에서도 쉽게 흔들리지 않는 자신만의 무기가 된다. 누군가에게 들은 이야기가 아니라 직접 몸으로 부딪히며 얻은 경험이기 때문에 상황이 바뀌어도 응용할 수 있는 힘이 생긴다. 결국 성장을 만드는 것은 타고난 재능이 아니라 꾸준히 쌓아 온 인풋의 양이라고 해도 과언이 아니다. 특히나 후발 주자이거나, 혹은 한 번 매출이 떨어진 상태에서 이런 인풋은 최대치로 상향 조절되어야 한다. 그래야만 이미 벌어진 격차를 줄이고 더 나아갈 수 있기 때문이다.

군대에는 조교가 있다. 그들도 똑같은 병사의 신분이지만 조금 일찍 입대한 것일 뿐이다. 그렇기에 그는 훨씬 많은 훈련을 하고 더욱 정신을 바짝 차린다. 대부분의 병사들이 6시에 일어날 때 조교들은 4시에 일어나 하루를 준비한다. 더 앞서 나가 압도적인 인풋을 넣어야만 병사들을 이끌 수 있기 때문이다.

나 역시 학생들을 가르칠 때 마찬가지였다. 학생이 한 권의 문제집을 풀 때 나는 세 권, 네 권의 문제집을 풀었다. 학생이 풀 문제를 미리 풀어 보고, 여러 가지 풀이 방법을 생각해 보고, 어디에서 막힐지까지 예상해 보려 했다. 결국 누군가를 이끌고 결과를 만들기 위해서는 그보다 훨씬 많은 인풋이 필요하다는 사실을 몸으로 느끼게 된 것이다.

하지만 자존심, 자부심, 자아라는 이 거대한 방해물은 무언가를 집어넣는 인풋 자체를 방해하는 장애물에 불과하다. 이런 이유 때문에 과학자인 찰스 다윈은 이런 말을 했다고 전해진다.

"무지는 지식보다 더 쉽게 자신감을 낳는다."

'무식하면 용감하다'는 말이 있지 않은가? 인풋이 없는 사람은 너무 쉽게 자신감을 가지고 용감해지고, 그러다 보면 결국 변화나 성장은 강 건너 불구경일 뿐이다

'의도적 연습'의 중요성

물론 '인풋만 죽어라 하면 뭐 하나. 방향을 제대로 잡아야지!'라고 생각할 수도 있다. 옳은 방향으로 향하지 않으면 많은 노력과 수고로

움이 헛될 수도 있다는 걱정 때문이다. 하지만 방향을 잡기 위해서라도 인풋이 절대적으로 필요하다. 그렇게 인풋을 계속해서 하다 보면 어느 순간 자신이 무엇을 어떻게 해야 할지를 깨닫게 되고 비로소 순항을 하게 되는 것이다.

15년 전에 처음 학원 강사를 시작할 때 같은 시기에 같은 일을 시작한 동기와 친구들이 많았다. 심지어 지방이 아닌 동탄이나 수원과 같은 수도권에 시작한 친구들도 있었다. 그런데 지금 그들은 모두 학원가를 떠나고 말았다. 그런데 나는 지금 학원에서 일정한 성공을 경험한 것에 이어 이제는 티칭을 완전히 내려놓았고, 경영의 부분에서도 이제 일부분은 직원에게 위임하고 있다. 이러한 차이는 무엇이었을까를 생각해 보곤 했다. 그것은 바로 '무엇에 집중해서 어떻게 했느냐'의 차이라고 본다. 나는 강사를 했던 초창기부터 '경영이라는 게 필요하지 않을까?'라는 어렴풋한 생각을 통해 계속해서 경영을 하기 위해 각종 인풋을 한 결과 티칭에서 벗어날 수 있었고, 지금과 같은 체계적인 경영 시스템을 만들 수 있었다. 결국 인풋을 통해서 방향까지 결정된다고 볼 수 있다. 사실 자신이 걸어갈 미래의 방향을 아는 사람이 어디 있겠는가? 처음부터 딱 정해진 방향대로 가는 사람이 얼마나 있겠는가? 다들 하다 보면 알게 되고, 도전하다 보면 갈 길이 보이는 법이다.

미국 플로리다주립대학교의 심리학 교수인 안데르스 에릭슨은 이 것을 '의도적 연습'이라고 말한다. 전문가라는 사람은 특별한 재능을 타고나는 것이 아니라 의도적으로 계속해서 훈련을 한다는 이야기다. 명확한 목표 아래에서 계속해서 실천을 하게 되고 피드백을 받으면서 반복하게 되면 그때 비로소 전문가가 된다고 말한다. 내가 지금까지 끊임없이 해 왔던 인풋 역시 바로 이러한 맥락에서 설명할 수 있다.

앞을 향해 달려 나가려면 몸도 마음도 가벼워야 한다. 하지만 자존심, 자부심, 자아와 같은 무거운 갑옷을 입고서는 빠르게 뛰어 나갈 수가 없고, 계속해서 고집하면서 느리게 걷다가 결국 쓰나미에 휩쓸려 버릴 뿐이다.

마음먹고 학원 매출을 올리면
어디까지 가능할까?

변화를 시도하는 사람의 마음속에는 비슷한 질문 하나가 존재한다.

'내가 이런 노력을 기울인다면, 어디까지 변할 수 있을까?'

근육을 키우는 사람이 어느 정도 강도에, 어느 정도 기간에 걸쳐 멋진 근육이 생길지 궁금해하는 일은 당연하다. 이러한 나름의 기대치를 설정하고 임하면 동기 부여도 되곤 한다. 이러한 질문은 학원의 변화에도 동일하게 적용된다. 만약 자신이 학원 경영자로 변신했을 때 어느 정도의 이익을 얻게 될지 궁금해하는 것은 같은 맥락이다. 이와 관련된 가장 극적인 사례 하나가 있다.

2024년 3월, 내가 직접 리브랜드 컨설팅을 한 대구의 H학원이다. 원장님은 학원 1군데, 그리고 또 다른 상가에서 방 한 칸 정도 크기의 교습소 1군데를 운영하고 있었다. 당시 두 군데를 합쳐 매출은 1,000만 원이 될락 말락 하는 정도였다. 일단 학원 상황을 점검한 뒤에 교습소 한 군데를 폐쇄하고, 그곳에서 일하는 알바 강사를 학원으로 오게 해서 중앙집중화를 하자고 제안했다. 그리고 그때부터 학원 경영론에 대한 다양한 방법을 알려주기 시작했다.

사실 그분은 학원 경력으로만 치면 나보다 10년 정도가 더 많으신 분이었다. 그러니 20여 년을 오로지 학원 업계에만 있었던 분이었다. 하지만 자존심, 자부심, 자아는 없었고 수용성이 워낙 좋은 분이었다. 2개월~3개월 정도가 지나자 매출은 두 배가 되어 2,000만 원을 찍었다. 일단 리브랜딩의 맛을 보았으니, 더욱 가열하게 마케팅을 비롯한 학원 경영에 몰입했다. 어느 순간 매출은 다시 두 배를 훌쩍 넘어 5,000만 원에까지 이르렀다. 그리고 지금은 10명의 강사를 채용해서 학원을 돌려도 대기 학생이 너무 많다고 말할 정도가 됐다. 심지어 "이제 더는 받을 수 있는 공간도, 여유도, 선생님도 없다"며 웃으며 말하는 모습이 인상적이었다.

물론 모든 학원이 월 1,000만 원에서 월 5,000만 원으로 뛰기는 힘들다. 하지만 그럼에도 불구하고 평균적인 노력만 기울여도 충분히 1,000만 원은 더 오른다고 자신할 수 있다. 현재 매출이 2,000만 원이면

3,000만 원으로, 3,000만 원이면 4,000만 원으로 오를 수 있다는 이야기다. 이 정도 수준만 되어도 원장님 월급은 순식간에 뛰게 된다.

가끔은 노력도 배신을 하는 경우가 있다고는 하지만, 학원 경영론에서 그러한 배신은 쉽게 일어나지 않는다. 다만 그 배신은 원장님 스스로가 노력을 하지 않은 상태에서 일어나는 경우가 대부분이다.

지금 잘 안된다고 해서
그것이 멈춰야 할 이유가 되진 않는다

르네상스 시대의 천재라 불리는 미켈란젤로는 이런 말을 했다.
"우리에게 있어서 가장 큰 위험은 목표를 너무 높게 잡아서 달성하지 못하는 것이 아니라, 목표를 너무 낮게 잡아서 그것을 달성해 버리는 것이다."

세계적인 투자가인 워런 버핏의 오랜 사업 파트너인 찰리 멍거라는 사람이 있다. 그는 이런 말을 남겼다.

"우리 같은 사람들이 장기적으로 큰 이점을 얻은 이유는 아주 똑똑해지려고 애쓴 것이 아니라, 꾸준히 어리석은 행동을 하지 않으려고 노력했기 때문이다."

　이 말을 바꿔서 말하면, 우리는 꾸준히 어리석은 행동만 하지 않아도 성공의 길로 접어들 수가 있다는 것이다. 사실 누가 들어도 고개를 끄덕일 만한 내용이지만, 실제로 꾸준히 어리석은 일을 하는 사람들이 있다. 학원 원장님들도 마찬가지다. 그들은 자신의 스트레스와 불안감을 해소하기 위해 여러 가지 특정한 행동을 하고 거기에서 위안을 얻기도 한다. 하지만 그게 한편으로는 '꾸준히 어리석은 행동'이 될 때가 있다.

　첫 번째는 학부모에게 '나 힘들어요'라는 것을 직간접적으로 알리는 일과 원장 모임에 가서 '나 힘들어. 너도 힘들지?'라는 말을 반복하는 것이다. 잠시 위안받는 달콤함을 느낄 수는 있겠지만, 그 말들이 만들어 내는 파장은 결국 부정적인 것일 수밖에 없다. 두 번째는 목표가 이루어지지 않았을 때 행동의 양을 늘리는 것이 아니라 목표 자체를 줄이는 것이다. 이렇게 하면 적당한 성공을 거둘 수 있을지는 몰라도 앞으로 치고 나가는 기세를 얻어내기는 힘들다. 무엇보다 이 기세라는 것은 한 번 꺾인 후에 회복하기가 쉽지 않다. 결국 이렇게 꾸준하게 하는 어리석은 행동은 우리를 꾸준하게 망하는 길로 인도하게 된다.

"다들 힘드시죠?"

세상을 살아가면서 힘들지 않은 사람은 없다. 죽을 때까지 먹고사는 것에 대한 걱정이 없는 재벌 총수에게도 힘들고 골치 아픈 일이 있기 때문이다. 겉으로 보기에는 모든 것을 다 가진 것처럼 보이는 사람에게도 나름의 고민과 부담이 존재한다는 이야기다. 그러니 '모든 사람에게는 각자의 힘든 사정이 있다'고 전제해야만 한다. 그런데 유독 자신이 더욱 힘든 환경에 처했다고 여기는 사람들이 있다. 그들의 이야기를 들어 보면 온갖 사건 사고가 터지는 재난 영화의 주인공 정도라고 하겠다. 이런 사람들의 특징은 자신이 힘들다는 사실을 아낌없이 외부에 노출하며 자신의 어려움을 끊임없이 강조한다.

한 학원 원장님은 병원에서 링거를 맞을 때마다 사진을 찍어서 SNS에 올린다. 물론 그 심리는 충분히 이해할 수 있다. '나 열심히 살았으니까 응원해 줘. 나 힘들어, 나 위로해 주지 않을래?'라는 마음이 담겨 있을 것이다. 그리고 그러한 응원과 위로 속에서 다시 힘을 내고 파이팅하면서 기운을 차릴 수도 있다. 사람은 누구나 누군가의 공감과 격려를 통해 다시 일어설 힘을 얻기도 하기 때문이다.

그런데 학부모의 입장에서 생각해 보면 이건 최악이다. 처음에는

'아이구, 우리 선생님 정말 열심히 사시네'라고 하겠지만, 이게 반복되면 점차 생각이 바뀐다.

'거 되게 않는 소리 하네 …'
'우리 아이를 맡기기가 좀 그러네.'
'학원 옮길까?'

때로는 습관적으로 강사나 직원들에게 않는 소리를 하는 원장님도 있다. 역시 마찬가지로 처음에는 우리 원장님의 애환에 짠한 마음이 들 수도 있다. 함께 일하는 입장에서 고생하는 모습을 보면 안쓰러운 마음이 드는 것도 자연스러운 일이다. 하지만 이런 이야기가 자꾸 반복되면 분위기는 달라진다. 직원들의 마음속에는 '혹시 우리가 일하고 있는 이 학원이 침몰하는 배는 아닐까?'라는 불안이 생기기 시작한다. 더 심해지면 그때부터는 다른 학원을 알아볼 수밖에 없다.

원장에 대한 믿음, 학원에 대한 신뢰를 송두리째 갉아먹는 일이 아닐 수 없다. 직원들은 원장의 상태를 통해서 학원의 미래를 짐작한다. 그런데 원장이 계속해서 힘들다는 이야기만 한다면 직원들 입장에서는 불안감이 커질 수밖에 없다. 결국 원장이 무심코 내뱉은 한마디가 조직 전체의 분위기를 흔들어 놓을 수도 있다는 이야기다.

이런 원장들일수록 원장 모임에 나가서 역시 마찬가지로 앓는 소리를 한다. 그곳에서 서로의 고민을 토로하고 이야기한다. 그런데 대개 이런 말들이 주를 이룬다.

"요즘 많이 힘드시죠? 저도 많이 힘들어요."
"참, 경기가 언제 나아질지. 그쪽 동네도 별로죠?"
"다들 어렵죠 뭐 …"

어떻게 보면 상대방에게 힘듦을 강요하는 듯한 느낌이랄까? 하지만 이런 분들이 이렇게 하는 이유는 사실 매우 명확하다. 자신이 잘 안되는 것에 대한 합리적인 이유를 찾아서 자신을 위로하기 위해서이다. '다들 힘드니까 내가 힘든 건 당연해', '다들 경기가 안 좋아서 학원이 잘 안 되니까 내 학원이 잘 안 되는 것도 누굴 탓할 게 없어'라는 식이다.

나 역시 리브랜딩 컨설팅을 하다 보면 이런 하소연을 많이 듣곤 한다. 학원을 운영하다 보면 어려운 일들이 많기 때문에 그런 이야기가 나오는 것도 충분히 이해할 수 있다. 학생 수가 줄었다거나, 강사 관리가 어렵다거나, 학부모 응대가 힘들다는 등의 현실적인 고민이 이어지기 마련이다. 물론 처음에는 나 역시 학원장님들의 말을 많이 들어 주고 파이팅하시라고 말하기도 한다. 그런데 미팅 때마다 늘 비슷한 이야기를 듣게 되면 '도대체 내가 뭘 하고 있는 거지? 누구 하소연 들어주려고 이 일을 하고 있나?'라는 의문이 들기도 한다. 계속해서 힘들다고 하소연하고 앓는 소리를 하는 원장님의 미래는 암울할 수밖에 없다. 주저앉아서 자꾸만 상처만 어루만지고 있는 사람이 어떻게 뛰어 달려 나갈 수 있단 말인가?

목표를 낮게 잡고 쉽게 달성하는 위험

목표의 강도를 설정하고 그것을 달성해 나가는 방식에서도 어리석은 행동이 존재한다. 어떤 이는 너무 과도하게 목표를 설정했다가 이루지 못하고 실망하는가 하면, 또 어떤 사람은 너무 낮게 목표를 잡아 쉽고 빠르게 성과를 이뤄내기도 한다. 하지만 이 둘 중에서 어떤 것이 더 나은 것이냐고 물어본다면, 나는 단연 전자이다. 애초에 설정한 목표에 이르지 못한 자신에 대해 실망할 수도 있고 좌절감을 느낄 수 있지만, 그것을 더 큰 성장의 계기로 전환시키면 차라리 또다시 도전을 이어 나갈 수 있다. 하지만 애초에 목표를 낮게 잡아 너무 쉽게 성과를 내면 성장이 발목 잡히게 된다. 매번 할 수 있는 내에서만 목표를 잡기 때문에 한계를 경험하지 않게 되고, 매번 고만고만한 상태에 머무르기 때문이다.

르네상스 시대의 천재라 불리는 미켈란젤로는 이런 말을 했다.

"우리에게 있어서 가장 큰 위험은 목표를 너무 높게 잡아서 달성하지 못하는 것이 아니라, 목표를 너무 낮게 잡아서 그것을 달성해 버리는 것이다."

낮은 목표 안에서 만족하는 것은 자신을 끊임없이 컴포트 존에 가두는 것이나 마찬가지다. 안전하게 느끼게 만드는 영역 내에서만 활동하게 되면 '편안한 감옥'에 머무를 뿐이다. 예를 들어 갑자기 학생들이 빠져나가 월 수익이 1,000만 원에서 800만 원으로 줄어들었을 때 "그럼 이제 800만 원을 목표로 하자"라거나 "역시 나는 사람 관리를 못 하니까 1인 교습소가 낫겠지?"라고 낮은 목표를 설정하고 그것을 달성하려고 하는 행위다. 물론 이렇게 하면 당장 마음은 편하다. '내가 능력이 없으니 어쩔 수 없지'라고 하면 모든 것이 정당화된다. 하지만 이런 방식으로는 발전이라는 것이 있을 수 없다. 그러면 수익이 200만 원으로 떨어지면 "그럼 이제 200만 원을 목표로 하자"라고 말할 것인가?

나는 '목표를 줄이지 말고 행동의 양을 늘리라'는 말을 좋아한다. 행동의 양을 점점 늘리다 보면 애초에 했던 목표에 점점 다가갈 수 있기 때문이다. 물론 최초의 시도부터 너무 과도하게 목표를 잡을 필요는 없다. 하지만 일단 한 번 목표를 달성하기 시작하면 그때부터 더 이상의 노빠구는 존재하지 않는다.

내가 학원을 열었을 때 최초 목표는 11명이었다. 마음을 다소 가볍게 하기 위해 딱 한 달만 해 보자는 생각도 했다. 그런데 처음 11명의 목표가 이뤄졌을 때의 희열은 이루 말할 수 없었다. 그때부터는 22명으로 늘렸고, 그다음 달에는 33명으로 늘려 나갔다. 블로그, 전단지, 인스타그램을 계속해 나가면서 행동의 양을 늘렸고, 아이들을 위해 더 많은 시간을 공부에 투자하고 부모를 상담했다. 그러자 어느 순간 100명이 훌쩍 넘어서기 시작했다.

잘 안된다는 것이 멈출 이유는 아니다

물론 내가 행동의 양을 늘린다고 무조건 성공이 보장되지는 않는다. 잘 안될 때도 있고 원하는 결과가 나오지 않을 때도 있다. 하지만 그렇다고 해서 그것이 멈춰도 되는 이유는 아니다. 예를 들어 컨디션이 어느 정도 좋지 않은 상태에서 블로그에 올릴 글을 썼더니 내 기준에 50점밖에 되지 않는다고 해보자. 하지만 그래도 해야 한다. 블로그 글을 쓰지 않는 것은 0점이기 때문이다. 0점보다는 50점이 훨씬 낫지 않은가?

그런 점에서 나는 열정이라는 덕목보다 인내라는 덕목을 훨씬 좋아한다. 누구나 열정을 가질 수는 있다. 그러나 인내를 꾸준하게 하면서 자신의 길을 걸어가는 사람은 드물다. 그만큼 인내라는 것은 고통스럽고 힘들기 때문이다.

물론 그렇다고 해서 죽어라 일만 하라는 이야기는 아니다. 스스로 '더 이상 버티기 힘들다'라는 판단이 들 때에는 잠시 휴식으로 리프레시하는 일도 권장한다. 나 역시 '정말 이렇게 계속 일만 하다가는 쓰러지겠다'는 생각이 들 때가 있다. 그럴 때는 아무 생각 없이 무작정 일본으로 떠난다. 내가 일본을 좋아하는 특별한 이유가 있다. 음식점이나 카페에 가면 일하는 사람들이 왠지 너무 순수해 보이고 작은 일 하나를 하더라도 예의 바르고 정성을 다하는 느낌이다. 온천에 가거나 마사지를 받을 때도 마찬가지다. 정말이지 '일본스럽다'고 할 정도로 세심하다. 그런 사람들을 관찰하다 보면 나 자신을 되돌아볼 수 있게 되고 마음을 다잡을 수 있다. 가능한 모든 한계까지 자신을 밀어붙이고 그 이후에 달콤한 휴식을 즐기는 것, 그것이 끊임없이 목표를 향해 달려가면서도 자신을 보존할 수 있는 한 가지 방법이기도 하다.

　우리는 무너지고 싶어서 무너지는 것이 아니고 실패를 간절히 원해서 실패하지도 않는다. 자신도 모르게 하게 되는 어리석은 행동들이 끝내 실패의 기운을 불러 오게 된다. 힘들 때 사람들의 위안을 받기보다 포커페이스로 밀고 나가고, 원래의 목표가 달성되지 않더라도 무소의 뿔처럼 전진해야 한다.

시스템 장착과 리더십 개발

오른팔을 키우고
리더십을 손에 쥐면
그때부터 무한질주다

시스템이 만들어지면, 그때부터는 일이 훨씬 쉬워진다. 시스템이라는 것 자체가 이미 자동화를 이룬다는 의미이기 때문에, 한번 마련된 시스템이 망가지지 않도록 잘 관리만 한다면 그때부터 원장의 수고로움은 훨씬 줄어들고, 매출은 반비례해서 늘어날 수 있게 된다. 그뿐만 아니라 시스템에는 일종의 강제성도 동시에 들어 있다. 지금 내가 만들어 놓은 시스템이 있다면, 그 이후에 학원에 들어오는 직원이나 강사들도 자연스럽게 그 시스템에 녹아들면서 마치 원래부터 하나였던 것처럼 일사불란한 조직이 된다.

다만 시스템을 이런 수준으로까지 끌어올리기 위해서는 원장이 어떤 리더십을 발휘하느냐가 관건이라고 할 수 있다. 가장 최적의 상태는 모두가 원장님을 마음으로 따르는 팔로워가 되어야 한다는 점이다. SNS에서만 팔로워가 있는 것이 아니라 친구 관계에서도, 원장님과 직원 사이에서도 이런 팔로워적 관계는 얼마든지 가능하다. 이러한 관계는 학원을 앞으로 밀고 나가는 보이지 않는 동력이 된다는 점이다. 따라서 시스템과 리더십이 결합하면 그때부터는 무한 질주가 가능하다.

시스템의 핵심에는
언제나 오른팔이 존재한다

사소하거나 간단한 일을 시키면 썩은 동태눈을 하고 쳐다보는 사람도 있다. 마치 속으로 '뭐지? 왜 나한테 이런 일을 강요하지?'라는 생각을 하는 듯한 표정이다. 이런 사람은 당장은 일을 하는 것처럼 보이지만 마음 속에서는 이미 거부감을 가지고 있는 경우가 대부분이다. 이런 사람이 조직에서 오른팔이 될 확률은 사실상 0%라고 할 수 있다.

일반적으로 '시스템'이라는 말을 들으면 체계적인 규칙이나 특정한 메커니즘, 혹은 설비나 시설을 연상하는 경우가 많다. 예를 들어 '냉난방 시스템'이라거나 '보안 시스템'처럼, 기계적인 냄새가 물씬 풍긴다. 그런데 바로 이것이 시스템에 대한 가장 큰 오해이기도 하다. 특히 학원 경영에서의 시스템은 90% 이상 사람에 의해 만들어지고, 그 사람들이 지켜 나가는 것이다. 그러니 사실 이런 시스템은 거의 눈으로 확인할 수가 없다. 원장의 경영 철학과 신념, 직원이나 강사와의 관계와 원장에 대한 충성심, 문제를 해결하는 방식, 학생과 학부모를 대하는 태도 등이 눈에 보일 리는 없다. 하지만 그럼에도 불구하고 학원 시스템은 바로 이러한 것들에 의해서 결정되고 좌우된다.

중요한 점은 이러한 시스템을 만들기 위해서 가장 먼저, 가장 심혈을 기울여야 할 첫 번째 과정이 뭐냐는 점이다. 건축이든, 요리든, 인간관계든, 사업이든 가장 중요한 것은 바로 '탄탄한 기초'이다. 건축이라면 지반 공사이고, 요리라면 싱싱한 원재료고, 인간관계에는 신뢰일 것이다. 그렇다면 학원 경영 시스템에서는? 바로 '오른팔'이라고 불릴 수 있는 사람이다. 이 딱 한 명의 사람을 구하는 것에서부터 시스템이 시작되고, 학원의 미래가 결정된다. 직원이나 강사 한 명을 구하는 일이 뭐 그리 대단한 것이냐고 반문할 수 있지만, 지금 말하는 오른팔이란, '원장의 말을 잘 듣는 월급쟁이'가 아니다. 성공에 대한 강렬한 전투 의지를 가지고 있는 원장의 복제 인간이며, 가장 선두에서 함께 뛰는 최측근이며, 동시에 위험과 고난을 함께 돌파해 나갈 든든한 동지이다.

동서고금을 불문하는 '오른팔의 원리'

경영학의 거장이라고 불리는 짐 콜린스는 '사람 먼저, 그다음에 할 일First Who, Then What'이라는 말을 했다. 무엇을 하고 어디로 갈지 결정하기 전에 누구와 함께 갈지가 더 중요하다는 이야기다.

미국의 스타트업계에서는 종종 무슨 사업을 할지 아이템을 정하기도 전에 좋은 동업자부터 구한다는 이야기를 들었다. 처음 이 이야기를 들었을 때는 다소 의아했다. 무슨 사업을 할지를 정해야 거기에 적합한 사람을 뽑는 게 맞는 순서가 아닌가라는 생각이 들었기 때문이다. 하지만 나는 본격적인 학원 경영의 세계에 뛰어들면서 그 말을 이해할 수 있었다.

일단 '오른팔'이라고 불리는 핵심 인재가 있어야만 시스템이 만들어지기 시작하고, 그것이 진정한 사업의 시작이기 때문이다. 실제 동서고금의 이야기를 들여다보아도 오른팔의 존재는 리더와 경영자에게 막강한 힘을 부여하고 사업을 앞으로 이끌어 나간다.

『삼국지』의 유비에게는 천재적인 전략가인 제갈공명이 있었고, 애플의 스티브 잡스에게는 팀 쿡이 있었으며, MS의 빌 게이츠에게는 스티브 발머가 있었다. 그뿐이 아니다. 글로벌 기업인 삼성그룹의 이건희 회장에게는 이학수라는 전략기획실장이 오른팔 역할을 했고, 그를 포함한 '7인의 사장단'이 삼성그룹 전체를 이끌어 갔다. 각각 기술의 전문가, 반도체 전문가, 마케팅과 영업의 귀재 등이었다.

한마디로 '오른팔의 원리'는 예나 지금이나 적용되는 것이며, 앞으로의 미래에도 마찬가지다. 나를 도와주는 동반자를 만들어야 그때부터 내 노동 시간이 줄어들게 되고 시스템이 돈을 벌어주는 상황을 만들어 낼 수 있다. 학원을 경영하는 것에서도 너무도 당연하게 적용된다. 그래서 나는 무수한 강연에서 원장님들이 해야 할 가장 중요하고, 첫 번째로 해야 할 일을 '오른팔 만들기'라고 강조해 왔다. 이 오른팔을 어떻게 채용하고, 관리하고 늘려 나가는가가 학원 경영의 알파요 오메가라고 해도 결코 과언이 아니기 때문이다.

이러한 오른팔의 존재를 조금 더 쉽게 정의 내려 보자면, 원장이 병원에 일주일 입원했을 때에라도 마치 입원을 하지 않았던 것처럼 학원을 운영해 나가는 사람이며, 일주일간 해외에서 신나게 즐기고 있을 때라도, 마치 여행을 가지 않은 것처럼 학원을 관리해 나가는 사람이다.

오른팔의 세계에 워라밸은 없다

중요한 점은 어떤 자질을 가진 사람을 오른팔로 만들어야 하냐는 점이다. 여기에서는 이제까지의 사람의 채용에 대한 모든 기준을 버려야 한다. 학력이 좋거나, 다른 학원에서의 경력이 화려하거나, 아이들을 잘 가르치는 사람이 아니다. 이러한 사람은 '학원 운영'에 있어서는 도움이 되겠지만, '학원 경영'에서 결정적인 요인이 될 수는 없다. 내가 오른팔을 당근 앱에서 주로 뽑아서 훈련시키는 이유도 바로 여기에 있다. 대개 학원 채용 사이트에서는 모두들 자신의 학력, 경력, 티칭 실력을 장점으로 내세우지만, 나는 그런 사람을 원하지 않기 때문이다.

오른팔의 중요한 자질 중 첫 번째는 '무엇인가를 끝장내려는 사람'이다. 앞에서 이야기했듯, 간절함과 절박함을 통해 한 단계 한 단계를 제치면서 성공을 향해 나아가는 성향을 가져야 한다. 이런 사람들은 나에게 메시지를 보낼 때 문장 자체가 다르다. 절절함이 묻어 있고, 의지가 뚫고 나온다. 심지어 내가 새벽 2시에 문자를 보내도 곧바로 응답을 하는 사람도 있었다. 정말로 이런 사람이라고 생각되면 단 한 번의 면접만으로도 곧바로 채용하는 경우가 적지 않다. 이런 사람이라면 사소한 일 하나를 시켜도 깔끔하게 마무리하고, 뭔가가 잘 안될 때 "이게 잘 안 돼요, 원장님"이라며 나를 쳐다보는 것이 아니라 자신이 먼저 어떻게든 방법을 생각해 내서 마무리를 하려고 한다. 예를 들어 수북이 쌓인 시험지를 채점하고 있는데 퇴근 시간이 됐다고 해 보자. 이럴 때 "저 퇴근할게요"라고 말하는 사람과 "채점 끝내고 퇴근할게요"라고 말하는 사람의 차이다.

내가 이렇게 말하면 요즘 같은 시대에 웬 열정페이냐, 노동 착취당할 사람을 뽑는 거냐고 반문할 수도 있을 것이다. 하지만 생각해 보라. 그날의 전투가 다 끝나기도 전에 해가 졌다고 제갈공명이 유비에게 "나 좀 쉴게"라고 할까? 이건희 회장의 7인의 사장단은 오후 6시가 되면 "회장님, 저의 퇴근하겠습니다"라고 할까? 정시 퇴근, 워라밸이라는 말은 월급 받는 직원의 세계에서나 통용되는 일이지, 학원 경영을 이끌어 가는 오른팔의 세계에는 적용되지 않는다. 더구나 그렇게 열심히 일한 대가로 나중에 일반 직장인은 상상도 하지 못할 보상을 받을 수 있으니 그것을 일반적인 열정페이나 착취라고 부르기도 힘들다.

오른팔의 중요한 두 번째 자질은 간단하고 사소한 일도 정성 들여 하는 사람이다. 강사든 조교든 알바든 내가 처음 시키는 일은 대부분 청소다. "여기 좀 청소하세요"라고 말해 보고 그 사람이 어떻게 하는지 곁눈질로 지켜본다. 또 "저기 좀 정리하세요"라고 말하고 역시 그 사람이 일을 하는 태도를 가만히 살펴본다. 연예인에 비유하면 일종의 로드 매니저의 역할과도 비슷하다. 중요한 점은 바로 이러한 사소한 일에서부터 그 사람이 일을 대하는 거의 모든 태도가 드러난다는 점이다. 일을 하는 속도, 꼼꼼함, 책임감, 그리고 지시를 받아들이는 태도까지 작은 일 속에서 투명하게 나타난다.

더 나아가 세상의 거의 모든 경영자는 사소한 일을 잘하는 사람을 그 상태에 머물게 두지 않는다. '어? 잘하네?'라는 생각이 들면 그다음 단계에서는 좀 더 중요한 일, 경영에서 핵심적인 일들을 서서히 맡기기 시작한다. 조직에서 사람을 키우는 과정은 대부분 이런 방식으로 이루어진다. 자신에게 맡겨진 사소한 업무를 제대로 해내지 못하는 사람에게 큰일을 맡기는 경영자는 없기 때문이다.

하지만 이렇게 사소하거나 간단한 일을 시키면 썩은 동태눈을 하고 쳐다보는 사람도 있다. 마치 속으로 '뭐지? 왜 나한테 이런 일을 강요하지?'라는 생각을 하는 듯한 표정이다. 이런 사람은 당장은 일을 하는 것처럼 보이지만 마음속에서는 이미 거부감을 가지고 있는 경우가 대부분이다. 이런 사람이 조직에서 오른팔이 될 확률은 사실상 0%라고 할 수 있다.

특히 이렇게 사소한 일도 묵묵히 잘해내는 사람은 시간이 지나면 서 원장님이 컨트롤하기 좋은 사람으로 성장할 가능성이 높다. 이렇 게 되면 원장님은 손에 피를 묻히지 않고도 조직 전체를 운영할 수 있 게 된다. 다시 말해 원장은 직접 모든 사람을 관리하지 않아도 되고, 오른팔을 통해 조직 전체를 통솔할 수 있게 되는 것이다.

리스크 테이크형과 헤지형

세 번째는 '에너지 레벨이 높은 사람'이다. 이런 사람은 어떤 일을 하든 주도적이며, 활력이 넘치고, 사소한 것에 지나치게 민감하지 않 은 사람이다. 이런 사람들은 일단 한 번 자기 확신이 들면 동기 부여 가 빠르게 되고 문제가 있더라도 회복 탄력성이 매우 강하다. 또 본질 이 아닌 지엽적인 문제에 대해서는 별 개의치 않고 감정을 소비하지 도 않는다. 이렇게 에너지 레벨이 높은 사람을 써야 하는 이유는 원장 님이 그 사람에게 쓸 에너지를 줄일 수 있기 때문이다. 일을 잘해도 회복 탄력성이 떨어지면, 한 번 좌절했을 때 원장님이 무척 신경을 많 이 써야 한다. 그저 다독여 주는 정도가 아니라 또다시 처음부터 동기 부여를 해야 하는 귀찮은 일을 해야 한다. 거기다가 너무 사소한 일에 감정이 다치는 경우라면 원장은 늘 이런 말을 입에 달고 살아야 한다.

"저기, 내 말이 좀 거칠었다면 미안한데…"

"있잖아. 내가 그런 의미로 한 말은 아니었는데, 네가 오해했다면…"

사랑을 꽃피울 연애를 하는 사이가 아니라, 치열하게 사업을 해 나가는 관계에서 이런 말을 계속해서 해야 한다고 생각해 보라. 설사 사랑을 꽃피울 사이라도 피곤해서 함께 연애를 하지 못할 지경이다.

마지막 네 번째 오른팔의 자질은 위기를 함께 떠안고 함께 앞으로 나아가는 사람이다. 흔히 말해 '리스크 테이크를 하는 사람'이다. 어떤 사람은 학원이 어려워지거나 할 때나, 갑작스러운 위기를 맞았을 때 마치 학원이 난파선이라도 된 것처럼 혼자 살기 위해 가장 먼저 뛰어내린다. 상황이 좋을 때만 함께하고, 어려움이 찾아오면 슬그머니 빠져나가는 유형인 셈이다. 하지만 진정한 오른팔은 어떻게든 배를 수리하고 다시 항해를 이어 가려 하며, 그 과정에서 필요한 수고로움도 마다하지 않는다.

이를 조금 더 분명하게 이해하기 위해서는 리스크 테이크와 리스크 헤지hedge를 비교해 보면 알 수 있다. 리스크 테이크는 위험을 감수하고 문제를 해결하려는 태도이고, 리스크 헤지는 위험을 피하고 자신을 보호하려는 태도라고 할 수 있다.

　사람은 위기가 다가올 때 크게 이 두 가지 유형으로 나뉘는 경우가 많다. 한쪽은 리스크 테이크형이고, 또 한쪽은 리스크 헤지형이다. 만약 원장님 밑에 리스크 헤지형 부원장이 있다면 그는 실적이 낮은 강사를 어떻게 처리할지에 대해 이렇게 이야기할 가능성이 높다.

　"원장님, 지금 A강사의 실적이 마이너스 -100만 원인데, 서둘러 잘라야 합니다."

　얼핏 보면 원장님을 위해서 하는 말처럼 들릴 수도 있다. 하지만 조금 더 속내를 살펴보면 문제를 도전적으로 해결해서 앞으로 나아가려는 자세라기보다는 서둘러 위험을 회피하려는 목적이다. 그뿐만 아니라 학원 전체의 위험이 자신의 위험이 되지 않도록 하는 의도도 숨어 있을 수 있다.
　반면 리스크 테이크형은 이렇게 말할 가능성이 높다.

　"원장님, 지금 A강사의 실적이 마이너스 100만 원인데, 제가 어떻게든 해서 플러스 500만 원까지 만들어 보겠습니다."

이 말은 정반대다. 위험이 있지만, 회피하지 않으면서 자신이 더 노력해서 학원의 성장을 꾀하려는 태도이다. 자신도 함께 위험을 감수하면서, 학원 전체의 위험을 해결하려는 것이기 때문이다. 후퇴를 종용하기보다는 전진을 더 중요하게 생각하는 사람이야말로 진정한 오른팔의 자격을 부여할 수 있다.

애플의 스티브 잡스는 생전에 한 뉴스 프로그램의 인터뷰에 출연해 이런 이야기를 했다.

"비즈니스에서 위대한 일은 결코 한 사람에 의해 이루어지지 않습니다. 그것은 사람들로 구성된 팀에 의해 이루어집니다."

이제 학원 경영을 하기로 마음먹었다면, 혹은 언젠가는 반드시 하겠다고 마음먹었다면 오른팔을 뽑고 팀을 만드는 '위대한 일'에서부터 시작해야만 할 것이다.

오른팔 만들기 1단계 :
스몰토크로 리드하는 대화의 전략

> 한국인들은 어려서부터 인정에 굉장히 야박한 상황에서 자라난다. 설사 공부를 잘하는 아이라도 "그런데 너는 태도가 왜 그래?"라는 말을 듣고, 태도가 아무리 좋아도 공부를 못하면 "그런데 공부는 왜 못하는 거야?"라는 말을 듣는다. 따라서 누군가의 이야기를 들어 주고 고개만 끄덕여 주어도 곧바로 자신에 대한 인정으로 느끼게 되고 여기에 상당히 감동한다. 그리고 이러한 감동은 결국 스스로 오른팔의 역할을 자처하는 데로 나아가게 된다.

미국 캔자스대학교의 커뮤니케이션학과 제프리 홀 교수는 '200시간의 법칙'이라는 연구 결과를 발표한 적이 있다. 사람과 사람 사이가 가까워지기 위해 필요한 물리적 시간을 구체적으로 증명한 내용이다. 그에 따르면 단순한 지인에서 친구가 되기 위해서는 약 40~60시간의 상호 작용이 있어야 한다. 또 친구에서 좋은 친구가 되기 위해서는 80~100시간, 더 나아가 친한 친구가 되기 위해서는 200시간이 필요하다는 내용이다. 이러한 시간 안에서 이야기하고, 농담도 하고, 개인적인 이야기를 공유해야 한다. 어떻게 보면 인간관계란 곧 화학 작용과 비슷하다. 서로에게 섞이고 함께 물들면서 비슷한 색깔로 닮아가기 때문이다.

내가 오른팔의 자격이 있는 사람을 만나서 채용했다고 그가 곧바로 내 오른팔이 될 리는 없다. 상대방도 진정한 원장의 오른팔 역할을 자처하기까지는 마음이 이끌리고 판단을 해야만 하기 때문이다. 만약 이런 과정 없이 빠르게 오른팔이 되는 사람이 있다면, 진심이 아닐 가능성이 크다. 겉으로는 충성스러운 것처럼 보이고 빠르게 행동하는 것처럼 보여도 결국 백사장의 모래성일 가능성이 크다. 심지어 나를 위해 써달라고 칼을 쥐여 줬건만, 나에게 칼을 휘두르는 경우도 생길 수 있다. 나 역시 이제까지 '배신'이라고 불릴 만한 경험을 꼽으라면 총 10명이 넘는다. 섣불리 오른팔로 키우려다 실패한 경우까지 합하면 족히 30~40명은 되지 않을까 한다. 결국 오른팔이 될 사람을 알아보는 안목도 중요하지만, 그를 구체적으로 육성해 나가는 노하우는 더욱 중요하다.

오른팔을 만드는 데 필요한 절대 시간

채용에서부터 진정한 오른팔이 되기 위해서는 일정한 단계가 있다. 처음에는 알바로 시작하면서 간단한 일부터 위임할 수 있다. 그다음에는 조교로 격상시키고, 이후에는 강사로 본격적으로 데뷔시켜야 한다. 이렇게 해서 다소간 실제 능력을 검증한 후에는 부원장, 그리고 최종적으로 원장의 자리로 갈 수가 있다. 다만 이 과정을 너무 빠르다싶게 진행해서는 안 된다. 뭔가 신속하게 일을 진행하고 싶은 마음이 있더라도 충분히 검증하고, 상대가 주어진 역할을 제대로 해낼 수 있을 때까지 지켜보아야 한다. 밥도 너무 한꺼번에 빨리 먹으려면 체하듯이, 오른팔로 성장해 나가는 과정도 마찬가지다. 그가 아무리 충분한 바탕을 가지고 있는 사람이라도 속도에 지쳐 먼저 나가떨어질 수도 있다는 점을 염두에 두어야 한다. 경우에 따라서는 모두 다르겠지만, 최소 1년 정도가 걸리고 충분히 잡으려면 2년 정도 소요된다고 볼수 있다.

경영학에서도 팀의 발달 단계를 최소 1년 정도로 잡고 있다. 누군가와 손을 잡고 일을 시작했다면 초기에는 서로를 탐색하고 예의를차리는 기간이 있고, 그다음에는 갈등이 생기는 기간이 있고, 최종적으로 그 갈등을 극복하는 기간이 필요하다. 그리고 이러한 단계를 모두 거쳐야 비로소 성숙기에 접어들면서 시너지 효과가 난다고 말한다.

　미국 실리콘밸리의 스타트업계에서는 '1년의 절벽Cliff'이라는 원칙에 따라 직원 고용이 이루어지는 경우가 많다. 보통 스타트업에서 신규 인력을 채용할 때에는 급여 외에도 일정한 지분 형태로 주식을 나누어 주는데, 이 주식은 바로 확정되는 것이 아니라 일정한 기간을 거쳐 점진적으로 확정되는 방식으로 설계되어 있다. 그런데 만약 입사 후 1년이 되기 전에 회사를 떠나게 되면, 이미 약속된 주식이라고 하더라도 그 지분을 전혀 인정받지 못하고 모두 사라지게 된다. 말 그대로 1년이라는 시간을 넘지 못하면 절벽 아래로 떨어지듯 아무것도 남지 않는 구조이다. 반대로 1년을 넘기게 되면 더욱 깊이 연결된 이해관계자가 된다. 결국 이 1년이라는 기간은 서로가 진정한 파트너가 될 수 있는지를 확인하는 최소한의 물리적인 시간이라고 볼 수 있다. 회사 입장에서는 함께 오래갈 사람인지 검증할 시간이 필요하고, 직원 입장에서도 이 조직이 자신의 미래를 함께 걸어갈 만한 곳인지 충분히 판단할 시간이 필요하기 때문이다. 이러한 원리는 원장님이 오른팔을 만드는 데에도 그대로 적용된다.

'말하기'부터 시작해야 하는 이유

1년이라는 기간 동안 단순히 같은 공간에서 함께 일한다고 해서 저절로 오른팔이 되는 것은 아니다. 사실 강사와 원장은 각자의 역할이 분명하게 나뉘어 있기 때문에, 특별한 계기가 없다면 서로 깊이 대화할 기회도 많지 않다. 각자 맡은 수업을 준비하고 진행한 뒤 자신의 업무를 마치고 퇴근하는 것이 대부분이다. 이렇게 각자의 일만 하며 시간을 보내다 보면 1년이라는 시간이 흘러도 관계는 여전히 '같은 공간에서 일하는 사람'의 수준에 머물 가능성이 높다. 이런 상태에서는 결코 오른팔이 만들어질 수 없다. 따라서 이 시간 동안 원장이 해야 할 가장 중요한 일 가운데 하나는 스몰토크를 통해서 서서히 상대방을 '내 사람'으로 만들어 가는 과정이다.

우선 실천할 일은 '커피숍에서 대화하고 경청하기'이다. 내가 이렇게 이야기하면 '그런 게 뭐 어려워?'라고 생각할 수도 있다. 하지만 여기서 말하는 것은 단순히 좋아하는 커피를 마시며 수다를 떨라는 의미가 아니다. 여기에도 분명한 전략과 구체적인 방법이 필요하다.

우선 굳이 학원이 아니라 커피숍으로 가라고 하는 데에는 이유가 있다. 학원이라는 공간은 이미 역할과 위계가 분명하게 정해져 있는 장소이다. 원장은 원장이고, 강사는 강사라는 관계가 자연스럽게 형성되어 있기 때문에 편안한 대화를 나누기가 쉽지 않다. 한마디로 농담을 하든, 속내를 털어놓든 학원이라는 분위기를 벗어나 자유로워지지 못한다는 이야기다. 하지만 커피숍은 완전히 다르다. 커피 향이 나고, 음악이 흐르고, 사람들이 오가는 다소 활력 넘치는 공간이다. 이런 분위기에서의 대화는 학원 내에서의 대화와는 완전히 다르게 된다.

이런 커피숍에서의 대화에서 가장 먼저 해야 할 것은 바로 '내가 왜 너를 필요로 하는지'를 꾸준하게 말하는 일이다. 원장님은 이미 상대가 마음에 들었으니 오른팔로 점찍었을 것이며, 이 말은 곧 상대방이 분명히 자신에게 필요한 부분이 있다는 이야기다. 나는 서로 친해진 경우에 가끔씩 "너는 내 성공의 마지막 퍼즐이야"라는 닭살스러운 말을 하기도 하지만, 그래도 이런 말이 상대의 가슴에 깊이 남을 수가 있다.

사실 이러한 대화는 별것 아닌 것처럼 생각될 수도 있지만, 상대방을 내 편으로 끌어들이는 매우 강력한 방법이기도 하다. 사람은 누구나 자신의 가치가 인정받을 때 그 일에 몰두하게 마련이다. 아무리 돈을 많이 준다고 한들, '나는 여기에서 쓸모없는 존재야'라고 생각하면 그 일을 계속할 수가 없게 된다. 반면 월급이 박하더라도 자신이라는 존재를 인정받게 되면 훨씬 많은 자원을 투여하게 된다.

심리학에는 로젠탈 효과Rosenthal effect라는 것이 있다고 한다. 상대방이 자신에게 높은 기대를 가지게 되고, 그 기대에 부응하기 위해 자신도 모르게 노력하게 되고, 그렇게 하다 보면 실제로 높은 성과를 이루게 되는 것을 말한다. '나는 네가 필요해'라는 말은 그래서 단순한 대화 이상의 효과를 가져오게 된다.

'듣기'가 가져오는 효과

또 대화를 할 때에는 몇 가지 크고 중요한 화두를 던져 놓고 충분히 들어 주는 경청도 필요하다. 이러한 경청의 가장 모범적인 모습을 예로 들라고 한다면 단연 〈유퀴즈〉의 유재석을 연상하면 된다. 그가 방송에서 하는 일은 사실 어떻게 보면 매우 간단하다. 질문 하나 던져 주고 상대방이 충분히 말이 끝날 때까지 끊임없이 고개를 끄덕이면서 들어 주는 일이다. 안타까운 일이 있었다면 함께 얼굴을 찡그리며 안타까워해 주고, 기분 좋은 일이 있으면 함께 박수 치며 웃어 주는 일이 전부다. 중요한 것은 이런 과정에서 상대방의 마음이 활짝 열리고, 호의적으로 변한다는 점이다.

　사람들은 생각보다 자신의 말을 충분히 들어 주는 사람과 함께 지내는 경험을 자주 하지 못한다. 겉으로는 많은 사람들과 관계를 맺고 살아가지만, 정작 자신의 이야기를 끝까지 들어 주는 사람을 만나는 일은 의외로 드물다. 조금만 생각해 보면 쉽게 이해할 수 있다. 바쁜 회사 상사나 동료가 매번 시간을 내어 나의 이야기를 차분히 들어 줄 여유를 가지기는 쉽지 않다. 서로가 업무에 쫓기다 보면 대화는 대부분 지시나 보고의 형태로 끝나기 마련이다. 때로는 "그래서 결론이 뭔데?"라며 중간 설명 과정까지 삭제하고 싶어 한다. 설사 부부나 연인의 관계라고 하더라도 상대의 이야기를 끝까지 경청해 주는 경우는 생각보다 많지 않다. 그런 점에서 학원 원장님이 잠시 '유재석'으로 빙의해서 강사의 말을 들어 주면 진짜 오른팔로 성장할 가능성 역시 훨씬 높아지게 된다.

　그런 경청의 모습에서 '아, 이 사람은 내 말을 듣고 인정해 주는 사람이구나'라는 마음이 들고 협력하고 싶은 생각이 들기 때문이다. 심지어 한국인들은 어려서부터 인정에 굉장히 야박한 상황에서 자라난다. 설사 공부를 잘하는 아이라도 "그런데 너는 태도가 왜 그래?"라는 말을 듣고, 태도가 아무리 좋아도 공부를 못하면 "그런데 공부는 왜 못하는 거야?"라는 말을 듣는다. 따라서 누군가의 이야기를 들어 주고 고개만 끄덕여 주어도 곧바로 자신에 대한 인정으로 느끼게 되고 여기에 상당히 감동한다. 그리고 이러한 감동은 결국 스스로 오른팔의 역할을 자처하는 데로 나아가게 된다.

이제까지 내가 했던 커피숍에서의 소통 프로젝트를 간단하게 요약하면 '말하기와 듣기'다. 내가 필요한 것을 말하고, 상대의 말을 들어 주는 것이다. 어떻게 보면 너무나 쉽다고 느껴지는 일들이고, 매일매일 하고 있다고 생각하는 것이다. 하지만 중요한 것은 우리는 이것을 너무 쉽다고 생각하는 나머지, 그것을 탁월하게 해내지 못하게 된다는 점이다.

1960년대, 미국에서 30대 초반의 젊은 나이로 백만장자가 된 짐 론이라는 인물이 있다. 그는 훗날 많은 강연을 통해 사람들을 일깨웠으며 이런 말을 한 적이 있다.

"성공하려면 특별한 일을 잘할 필요는 없다. 그저 평범한 일을 비범하게 잘하면 된다."

이제까지 내가 말했던 '말하기와 듣기'가 바로 여기에 해당한다. 우리는 누구나 말하고 듣는다고 생각하지만, 사실 그것을 너무 못하는 경우가 많다. 누군가 하는 이야기를 듣고 있다고는 하지만 끊임없이 자신 기준에서 판단하고, 왜곡해서 해석하고, 그 말조차 끝까지 들으려고 하지 않는다는 이야기다. 말을 한다고 하지만 실제로는 은근히 압박하고, 강요하고, 거의 명령에 가까운 투로 말한다. 그런 점에서 '말하기와 듣기만 비범하게 해낸다고 해도 우리의 오른팔 만들기 프로젝트'는 성공적인 출발을 할 수 있다.

고향에 가면 부모님이 하시는 말씀

그리고 이러한 소통의 전략 전반에서 매우 중요한 원칙 하나가 있다. 그것은 바로 '짧게 자주 대화하라'는 것이다. '반복되는 스몰토크'를 해야 한다는 이야기다. 우리는 대화할 때 오랜 시간 깊은 대화를 해야 제대로 된 것이라고 생각하기도 한다. 하지만 실제로 그보다 더 효과적인 것은 짧게 자주 하는 일이다. 인간의 뇌는 피로를 빨리 느끼기 때문에 집중력에 한계가 있다. 3시간을 대화하더라도 결국 사람의 머리에 남는 것은 15분 내의 가장 강렬한 대화와 마지막 순간의 대화뿐이라고 한다. 신뢰의 구축에서도 마찬가지다. 수십 시간에 걸친 심층적인 대화보다 5분씩 자주 하는 것이 훨씬 효과적이라는 것이 연구 결과이기도 하다.

우리가 명절에 부모님 댁을 찾았을 때 대체로 어떻게 말씀하시는 가? "한번 와서 오래 있어라"고 말하시는가, 아니면 "애들아 좀 자주 와라"라고 말하시는가. 사람은 짧지만 반복되는 경험을 훨씬 더 소중하게 여긴다. 실제 심리학에서는 수천 쌍의 커플의 대화 패턴을 수년 간 분석한 연구가 있다. 그 결과 관계의 밀도와 깊이를 결정하는 것은 거창한 이벤트 같은 것이 아니라 얼마나 사소한 말을 자주 하고 그것에 서로 상호 반응하느냐가 매우 중요하다는 결론을 내렸다.

더구나 이렇게 반복적인 스몰토크는 상대방의 행동을 이끌어 내는 데에 매우 중요한 역할을 한다. 우리가 앞으로 어떻게 나아가야 하는지를 딱 한 번 말하는 것으로 상대를 변화시키는 것은 힘들다. 여러 번 자주 이야기를 하게 되면 어느 순간 상대의 머리에 세뇌되다시피 해서 '아, 저 사람이 말하는 것은 정말 해야 하는 거구나'라고 여기게 된다.

인간관계는 결국 말로 시작된다. 상대가 어떻게 말하는가, 그리고 나의 말에 대해 상대가 어떻게 반응하느냐가 모든 것의 출발점이다. 대화가 되는 사람에게는 처음부터 호감이 가고, 그렇지 않은 사람은 아무리 오래 만나도 별로인 사람이 되는 것이다. 그런 점에서 오른팔 만들기의 제 단계를 제대로 해야만 진정한 시스템 구축, 그리고 학원 경영이 시작될 수 있다.

안될 사람을 빠르게 패싱하는
면접의 기술

학원 경영을 하면서 가장 허무한 순간이 있다면 기껏 시간 내서 면접 보고, 정성 들여 대화해서 채용했는데, 영 내 생각과 다르거나 혹은 빠르게 그만둘 때이다. 이럴 때는 괜히 에너지만 쓸데없이 소모한 것 같고, 그동안 짜 놨던 수업 스케줄까지 한꺼번에 틀어져 버려서 허탈함은 두 배가 된다. 사실 여기에 대한 뾰족한 후속 대책이라는 것은 존재하지 않기 때문에, 결국 일단 면접 단계에서 패싱하는 것이 최고의 방법이다.

나는 수없이 많은 면접을 보면서 이러한 면접의 기술을 나름대로 축적해 왔다. 그러다 보니 어떤 사람은 면접을 보기도 전에 이미 감이 오기도 한다. 일단 면접 시간에 늦으면서 연락이 없는 경우다. 단 1분이라도 늦을 경우에 사전에 연락을 하는지 하지 않은지를 본다. 1분이 뭐 그리 대단하냐고 할 수 있겠지만, 이건 1분이라는 시간의 문제가 아니라 태도의 문제라고 본다. 내가 늦은 1분이 상대방의 1분을 낭비하게 한다고 생각하는 것이 기본이다. 타인이 자신에 의해서 시간이라는 자원을 낭비하는 것에 대해 아무런 사전 연락도 하지 않는 것을 용납해서는 안 된다.

심지어 이력서를 안 가져오는 황당한 경우도 있다. 물론 '앗 깜빡했어요!'라고 말하며 당황한 듯 가방을 뒤적거리지만, 나는 그런 행동은 99% 연기라고 본다. 애초에 이력서 한 장 준비해 오는 것조차 성의의 최소 기준이라고 보는데, 그게 안 되면 사실 그 순간 이미 반은 끝난 거라고 봐야 한다. 심지어 이력서가 꼬깃꼬깃 접혀 있거나, 지원하는 학원 이름도 다른 경우도 있다. 다른 학원에 지원했던 이력서를 그대로 가져오는 경우다. 이런 걸 보면, '그냥 되는 대로 막 지원하는구나'라는 생각이 들 수밖에 없다.

면접의 마지막에는 다른 학원도 아닌 왜 굳이 우리 학원을 지원했는지를 묻는다. 이때 단순히 조건이 맞아서가 아니라 "블로그나 인스타를 봤는데, 이동헌 원장님과 함께 일하면서 뭔가 배워 보고 싶어서요"라고 말하면 100% 합격시킨다. 이는 나를 뭐 대단하게 보고, 내가 기분이 좋아서 그런 건 아니다. 뭔가를 배우고 싶다는 마음, 성장하고 싶은 마음이 있기 때문이다. 실제로 이런 마인드를 가진 사람들은 처음에는 조금 부족해도 금방 따라잡고, 어려움이 와도 쉽게 포기하지 않는다. 하지만 이러한 성장의 포인트가 없이 그냥 피상적인 대답만 하는 경우에는 과감하게 탈락시킨다.

반면에 학력이나 나이 등은 크게 보지 않는 편이다. 나 역시 과거 학력 위주로 뽑아 본 적도 있고 아예 지방대 출신만 뽑아 본 적도 있는데, 결과적으로 보면 학력은 큰 상관이 없었다. 좋은 대학을 나왔어도 학생을 못 이끄는 사람은 여전히 못하고, 학벌이 별로여도 수업을 잘하는 사람은 분명히 있다. 나이도 마찬가지다. 주로 나보다 어린 사람을 뽑기는 하지만, 그렇다고 나보다 나이가 많다고 해서 무조건 거르지도 않는다.

오른팔 만들기 2단계 : 진정한 충성을 이끌어 내는 과정

나는 이러한 사실을 통해서 학원 MT에서 강사들이 했던 말이 비로소 이해가 갔다. "원장님이 저를 제대로 된 강사로 키워 주셨어요"라는 말은 그저 '저에게 잘해 주셨으니 저도 잘해 드리는 거예요'와 같은 차원이 아니다. 누군가에게 보호받고, 먹고살 수 있는 능력을 배우고, 스스로 설 수 있게 되는 과정에서 생기는 각인 효과와 같은 것이었다.

대화를 통해서 기본적인 토대를 만들어 냈다면 다음에 할 일은 충성심의 강도를 높게 만드는 일이다. 여기에서 말하는 충성이란, 군대에서 경례할 때 "충성!"이라고 외치는 종류의 것이 아니다. 군대에서는 어쩔 수 없는 위계 관계에 의한 것이지만, 지금 말하고자 하는 충성은 깊은 마음속에서 우러나는 진심 어린 존경, 신뢰를 보내고 진심으로 따르는 마음이다.

사실 나는 오른팔을 만들기 위한 마음을 먹었을 때부터 '어떻게 하면 진짜로 나를 믿고 따르고, 나와 함께 불 속에라도 뛰어들 사람을 만날 수 있을까'를 정말로 많이 고민했다. 아마 내가 처음부터 이러한 비결을 알았다면, 아마 지금보다는 5배, 10배는 더 발전했을 것이라 생각한다. 그만큼 충성스러운 오른팔을 만드는 일은 매우 중요한 것을 넘어서 학원 경영에 있어서 결정적인 요인이라고 봐도 무방하다.

수많은 고민 속에서 내가 체험적으로 깨달은 방법이 있다. 우선 앞에서 말한 좋은 자질을 갖춘 사람을 채용하는 것이 첫 번째이지만, 그 다음으로는 그를 성장시켜야 하고, 더 나아가 비전까지 함께 보여주어야 한다는 점이다. 아직 완전히 실력을 갖추지 못한 사람을 채용해 점점 성숙해 탁월한 강사로 만들어 주게 되면 그는 원장을 믿고 따르게 되고, 앞으로 자신이 어떤 사람이 될 수 있을 것인가를 보여주면 끝까지 함께하게 된다.

그들이 말하는 충성의 이유

내가 학원 경영자로 변하는 과정에서 매우 큰 깨달음을 얻은 적이 있다. 나보다 훨씬 이전부터 학원을 제대로 된 사업처럼 경영하시던

분을 멘토로 두고 있었을 때였다. 나는 그분께 학원에서 MT를 갈 때 한번 따라가면 안 되겠냐고 부탁을 드렸다. 그간에 내가 본 그 학원의 강사들은 정말로 물불을 가리지 않는 육탄전으로 학원을 이끌어나갔고 원장님을 위해 최선을 다하고 있었다. 하지만 왜 그들에게 그렇게 하는지를 평소에는 물어보기가 쉽지 않았다. 학원에서 일하고 있는데 뜬금없이 다가가서 물어보는 것도 좀 이상한 일이다. 하지만 MT 장소라면 분위기가 편해서 그들의 말을 들어보기도 쉬울 듯했다. 아무래도 고기도 굽고 술도 한잔하는 분위기이기 때문이다. 그런데 더 놀라운 사실은 MT에 가서도 그들은 온갖 잡일, 궂은 일을 도맡아 했다는 점이다. 그게 어느 정도였냐 하면 내가 속으로 '아니, 자기 학원도 아니고, 그냥 월급 받는 사람이 뭐 저렇게까지 열심히 해?'라고 생각할 정도였다. MT가 진행되면서 나는 몇몇 강사들에게 이러한 충성의 이유를 물어볼 수 있는 기회가 있었다.

"그런데요, 본인 학원도 아니면서 왜 그렇게 학원에 충성하세요?"

그들은 대답을 망설이는 법이 없었다. 거의 대부분의 대답은 두 가지로 요약됐다.

"원장님이 저를 제대로 된 강사로 키워주셨어요."

"저도 원장님 같은 사람이 되고 싶어서요."

사실 나는 그 대답을 듣고 꽤 충격을 받았다. 자신의 성장을 이끌어 주었다는 점이 그토록 강한 충성의 근본적인 원인이 된다는 사실을 잘 몰랐기 때문이다. 또 '원장님 같은 사람이 되고 싶다'는 말도 매우 낯설었다. 우리는 누구나 따라 배우고 싶은 사람이 있기는 하지만, 그 것이 다른 사람도 아닌, 함께 일하는 상사이자 자신의 고용주인 원장 이 될 수 있다는 사실을 생각해 본 적은 없었기 때문이다. 보통 사장 이라는 사람은 지시를 내리고 관리하는 사람이지, 인생의 롤모델이 되는 경우는 드물기 때문이다. 그뿐만 아니라 나 역시 체계적인 시 스템을 구축하는 원장이 되고는 싶었지만, 그렇다고 강사들이 따라 배우고 싶은 원장까지 되고 싶다는 생각은 한 번도 해보지 않았다. 솔직히 말하면, 그런 건 너무 이상적인 이야기라고만 여겼다. 나의 목표는 그저 돈을 많이 버는 것이고, 그 과정에서 오른팔이라는 사람 이 나를 보좌해 주면 되는 일이라고 여겼다. 그런데 알고 보니 제대 로 된 경영을 해나가는 학원의 내부에는 훨씬 깊고 풍부한 차원의 관 계가 있었고, 결국 이런 관계가 탁월한 팀플레이를 가능하게 하고 있 었던 것이다.

새끼에게 발생하는 '각인 효과'

동물들에게는 '각인 효과'라는 것이 있다고 한다. 막 태어난 새끼는 세상에 나오자마자 처음 보는 대상을 자연스럽게 어미로 인식하며 졸졸 따라다닌다. 그 어미는 새끼에게 먹이를 주고, 불편하지 않도록 보살펴 주며, 외부의 위험으로부터 보호해 준다. 이런 경험이 반복되면서 새끼의 뇌 속에는 '어미 곁에 있어야 내가 살 수 있다는 본능적인 믿음'이 각인된다는 이야기다. 한마디로 말해, 누군가에게 먹이를 받고 보호를 받으며 성장한다는 경험은 생각보다 훨씬 강렬한 영향을 남기게 된다.

원시 시대의 인류에게도 비슷한 모습이 있었다고 한다. 사냥을 하지 못하면 곧 굶어 죽는 절박한 상황이었기 때문에, 사냥하는 법을 가르쳐 주는 사람은 단순한 스승이 아니라 생존을 가능하게 해 주는 절대적인 존재였다. 그렇기 때문에 사람들은 자신에게 사냥법을 알려 준 사람에게 자연스럽게 강한 신뢰와 충성을 보이게 되었다고 한다.

나는 이러한 사실을 통해서 학원 MT에서 강사들이 했던 말이 비로소 이해가 갔다. "원장님이 저를 제대로 된 강사로 키워 주셨어요"라는 말은 그저 '저에게 잘해 주셨으니 저도 잘해 드리는 거예요'와 같은 차원이 아니다. 누군가에게 보호받고, 먹고살 수 있는 능력을 배우고,

스스로 설 수 있게 되는 과정에서 생기는 각인 효과와 같은 것이었다.

그때부터 나는 초보자를 강사로 데뷔시키고, 그 사람이 훌륭한 강사로 자라는 일에 집중했다. 심지어 나중에는 어느 정도의 수준에 이르렀냐 하면, 강의를 전혀 해 보지 않은 사람을 단 3~4개월 정도 훈련시킨 후에 곧바로 강의에 투입했다. 물론 학부모들은 이렇게 짧은 기간에 속성으로 강사를 만들고 실전에 투입한다며 이렇게 불만을 터뜨릴 수도 있다.

"그러면 얼마 전까지 고깃집에서 알바 하던 사람이 이제 우리 아이 영어, 수학을 가르친다고요?"

하지만 굳이 그렇게까지 생각할 필요는 없다. 대다수의 대학생은 어린 시절부터 과외를 하면서 강의라는 것 자체에 익숙하고, 치열한 경쟁을 하면서 공부를 했기 때문에 3~4개월 정도가 되면 중3 정도는 충분히 가르칠 수가 있다.

물론 강사로 데뷔시키는 일이 전부는 아니다. 그건 시작일 뿐이고, 그 이후가 더 중요하다. 아이를 잘 관리하는지, 실제 성적을 올리고 있는지, 학부모와는 잘 소통하는지를 옆에서 밀착해서 관찰하고 피드백해 준다. 수업을 직접 참관하기도 하고, 정기적으로 면담도 하면서 부족한 부분을 하나하나 채워 주면 훌륭하게 강사로 성장할 수가 있게 된다.

강사들의 '현실적인 롤 모델'

다음으로 충성스러운 오른팔을 만드는 요인은 바로 강사들에게 비전을 심어 주는 일이다. 단순히 월급을 받고 시키는 일만 하는 직원이 아니라, 함께 미래를 그려 가는 동료로 만들어야 한다는 뜻이다. 앞으로 우리 학원이 어떤 방향으로 나아가려고 하는지, 어떤 차별화를 통해서 경쟁력을 갖출 것인지, 그리고 향후 일의 성과에 따라 어떤 보상이 주어질 것인지를 구체적으로 말해 주어야만 한다. "열심히 하면 다 잘 될 거예요"와 같은 해도 되고 안 해도 되는 추상적인 말이 아니라 3년 뒤, 5년 뒤에 우리 학원이 어떤 모습이 되어 있을지, 그때 당신은 어떤 위치에서 어떤 역할을 하고 있을지를 제시해 주어야 한다.

이러한 비전은 강사들을 독려하는 최고의 방법이자, 스스로가 발전의 의지를 갖게 해 주는 매우 뛰어난 도구이다. 비전이 공유되면 강사들은 더 이상 시키는 일만 하는 수동적인 존재로 머물지 않는다. 학원의 성장이 곧 나의 성장이라는 믿음을 갖게 되기 때문이다. 목표가 선명하고, 그곳을 향해 가는 방법이 정확하고, 그에 따른 보상까지 확실하다면 그 누구라도 동기부여가 되지 않을 수 없다. 결국 이렇게 비전을 주는 일은 원장님이 일일이 일을 시키지 않아도 스스로 해야 할 일을 찾아 움직이는 용맹한 오른팔을 만들 수 있는 최고의 방법이라고 할 수 있다.

하지만 의외로 많은 원장님이 이러한 비전 제시에 별로 신경을 쓰지 않는다. 그저 한 달 한 달의 수업을 제대로 해내는 것이 전부라고 생각하고, 먼 미래까지 생각하지 않는다는 것이다. 물론 여기에는 다 그만한 이유가 있다. 사실 강사가 언제 그만둘지 알 수가 없고, 그런 사람을 두고 굳이 비전까지 제시하며 옆에 붙들고 있어야 하느냐는 점이다. 내가 아무리 잘해 줘도 상대방의 생각이 다를 수도 있다는 점에서 충분히 이해가 가는 부분이다. 하지만 역설적으로 비전이 제시되지 않았기 때문에 강사들이 빠르게 그만둘 수도 있다는 점을 염두에 두어야 한다.

사실 강사의 입장에서는 비록 자신이 월급을 받고 일을 하는 것이기도 하지만, 또 한편으로는 그것이 투자가 된다는 개념도 가지고 있다. 올해 열심히 일하면 내년에는 희망이 있을 것이니, 지금 힘들어도 열심히 하면서 자신의 인생을 학원에 투자한다는 이야기다. 그런데 그 어떤 투자자든, 미래가 암울하면 결국 투자금을 빼거나 손절을 하지 못해 질질 끌려가게 된다. 강사의 입장도 마찬가지다. 비전이 없는 상태에서는 자신이 하는 현재의 투자가 어떤 결과를 낼지 알 수 없기 때문에 학원을 손절하기도 하고, 다른 직장을 구하지 못하면 그냥 질질 끌려가듯 억지로 일을 할 뿐이다. 따라서 비전의 제시야말로 강사들에게 힘과 용기를 주고, 더 오랜 시간 학원에 남아 있게 하는 방법이다.

당신의 뒷모습이 누군가에게는 이정표가 된다

그런데 이 비전이 꼭 미래의 금전적인 보상만을 의미하지는 않는다. 이보다 더 강하고 직접적인 보상은 바로 앞서 MT에서 강사들이 했던 말인 "저도 원장님 같은 사람이 되고 싶어요"에 그 해답이 담겨 있다. 사람에게는 누구나 자아실현의 욕구가 있다. 나중에 좀 더 나이가 들었을 때 되고 싶은 사람의 모습이 있다. 그런데 바로 그런 사람이 자신과 함께 일하는 원장님이라면? 그렇다면 강사들은 어떻게 해서든 원장님을 떠나지 않고 충성을 다할 수밖에 없다. 그의 모습 자체가 바로 자신의 희망이고, 되고 싶은 미래이기 때문이다. 물론 이런 사람이라고 대단한 위인이나 엄청나게 돈을 잘 버는 학원 경영자가 되어야 한다는 이야기는 아니다. 또 실제 우리가 현실에서 직접 만날 수 있는 사람 중에 그런 사람은 그리 많지 않다. 그저 자신만의 가치와 원칙을 묵묵히 지키는 모습, 끊임없이 공부하고 강사들과 소통하려는 자세, 학원 공동체를 지금보다 더 발전시켜 모두가 함께 그 성과를 나누려는 의지, 명령하고 지시하는 것이 아니라 최대한 개별적 의사를 존중하는 태도만 있다고 하더라도, 젊은 강사들의 존경을 충분히 이끌어 낼 수 있다. 한마디로 그들의 '현실 속 롤모델'이 될 수 있다는 이야기다.

누군가의 충성을 이끌어 낸다는 것은 쉬운 일은 아니다. 자녀와 부모 사이에도 나이가 들어 갈등하고 싸우는 경우는 흔하기 때문이다. 하지만 성인이 되어 그가 앞으로 살아갈 인생을 보살피고 성장시키고 미래의 모습을 제시해 준다면, 강한 애착과 신뢰의 관계가 형성될 수 있다.

채용에서 경력자는
최대한 피해야 하는 이유

시스템을 좀 더 빨리 갖추기 위해서 경력 직원을 채용하는 문제에 대해서 질문하는 원장님들도 있다. 초보자를 뽑아서 키우느니, 차라리 경력자를 뽑는 게 어떻겠냐는 이야기다. 경력자라면 학원이 어떻게 돌아가는지도 알기 때문에 훨씬 빠르게 적응하는 것은 물론이고, 사회생활도 어느 정도 해 보았으니, 내가 잘해 주면 그 사람도 나를 잘 따라오지 않겠냐는 이야기다. 하지만 이 부분에 대해서 나는 원칙적으로는 '경력자는 절대로 안 된다'고 말씀드린다. 특히 자신의 학원보다 더 큰 학원에서 좋은 이력을 쌓고, 원장보다 강사로 활동했던 시간이 더 오래됐다면, 더욱 기피해야 한다고 한다.

일단 그렇게 좋은 경력을 가지고 있는 사람이 왜 급수를 낮춰서 작은 학원에 오는지를 생각해 볼 필요가 있다. 내 경험상, 기본적으로는 '이런 학원이라면 좀 편하게 해도 되겠다'는 심산이다. 말이 편한 것이지, 실제로는 '설렁설렁', '대충대충'이라고 할 수 있다. 거기에다가 '나보다 나이 어린 원장이라면 관계를 내가 주도할 수 있겠다'는 생각도 할 수 있다. 나 역시 강사 경력이 10년 이상 많은 40대 중반의 강사를 채용한 적이 있다. 그때 나는 정말로 호되게 당했다고 할 정도로 가슴앓이를 했다. 자기고집까지 강해서 도저히 나의 학원 방침을 따르지 않았고, 그 어떤 상황에도 자신이 손해를 보지 않으려는 통에 다른 강사들에게도 부정적인 영향을 미쳤다. 그때의 경험을 토대로 나는 '시간이 길어져도 차라리 초보자를 뽑는 것이 훨씬 낫겠다'는 다짐을 하게 됐다.

거기에다가 대체적으로 원장님들은 자신보다 경력이 좋다면 '아이고, 누추한 저희 학원에 와 주서서 고맙습니다'라는 마음을 가진다. 그때부터는 내가 직원을 부리는 것이 아니라, 내가 직원을 꽃가마 태우고 가야 하는 힘겨운 상황에 처한다. 그뿐만 아니라 예를 들어 원장님이 중3까지 가르칠 수 있는데, 강사는 고3까지 가르칠 수 있다고 해 보자. 그때부터는 컨트롤 자체가 불가능하다. 경력자는 '이거 내가 학원을 이끌어 가는 거잖아?'라는 생각을 하기 때문에 안하무인해지기 딱 좋은 환경이다.

때로는 과거의 제자를 강사로 영입하려는 경우도 있다. 이 역시 조금이나마 강사 육성 시간을 줄이고 원장님이 편하기 위해서이다. 또 제자는 나의 스타일을 잘 알고 있으니 지시를 잘 따를 것이며, 원장님 역시 제자니까 말을 그다지 어렵지 않게 할 수 있다는 장점이 있을 수는 있다. 하지만 문제는 제자가 원장을 너무 편하게 생각한다는 점이다. 거기에다가 원장은 제자를 대할 때 늘 애정을 가지고 대할 수밖에 없다. 그러니 결국 '그놈의 정이 문제인 상황'이 펼쳐진다. 나 역시 한때 이러한 이점 때문에 제자들을 채용해서 함께 일한 경우가 있었다. 하지만 그 제자들은 지금 한 명도 남아 있지 않고 모두 퇴사했다.

직원을 뽑는다는 것은 결국 내가 가진 경영 철학과 가치의 울타리 안으로 사람을 들인다는 의미이며, 그에 맞게 훈련되어야 한다. 하지만 경력자, 원장보다 나이 많은 강사, 옛 제자들은 그 울타리 안에서 제대로 된 역할을 해내기가 근본적으로 어렵다. 물론 예외가 전혀 없는 건 아니다. 원장의 마인드를 진심으로 이해하고, 자신의 고집을 내세우지 않는 사람이다. 하지만 이럴 경우라고 처음부터 완전히 믿지 말고 낮은 단계의 일부터 시키면서 시간을 두고 상대의 일하는 방법을 검증부터 해야 할 필요가 있다.

리더십이 없으면
결국 시스템도 허수아비다

특히 조직 내에서 리더의 감정은 일반 구성원의 감정보다 훨씬 더 강력한 전염력을 가진다. 직장을 경험해 봤다면, 상사나 사장의 표정 하나가 사무실 분위기에 어떤 영향을 끼치는지를 경험해 봤을 것이다. 결국 원장이 어떤 모습을 보여주느냐에 따라서 그것이 모두에게 전염이 되고, 그 자체가 하나의 리더십으로 굳어지게 된다는 이야기다.

어떤 사람들은 '리더십'이라는 것을 다소 부정적으로 바라보기도 한다. 누군가를 이끌어가기 위해서는 약간의 강압이나 명령이 필요하다고 생각하여, 자신의 심성과 맞지 않다고 여기는 것이다. 또 현실에서 필요성을 거의 느끼지 못하는 경우도 있다. 자영업을 하거나 매우 소수의 사람이 모여서 일하면 굳이 리더십을 길러야 한다는 생각을 잘 하지 못하기 때문이다.

나 역시 20대 중반에 학원을 경영해야겠다고 마음먹었지만, 처음부터 리더십을 길러야겠다는 생각은 하지 못했다. 그도 그럴 것이 20대 중반이라면 누군가를 이끌 나이가 아니라 누군가를 따를 나이이기 때문이다. 집에서는 부모님을, 학교에서는 선생님을, 군대에서는 선임을 따라야만 했다. 그러니 리더십의 필요성도 느끼지 못했다. 그런데 본격적으로 경영을 하면서 수많은 사람과 만나고 헤어지는 과정을 반복적으로 거치며 리더십의 필요성을 절실하게 느꼈다. 물론 상대방의 문제 때문에 내가 그를 해고하거나 가까이하지 않은 경우도 있었지만, 가만히 반성해 보면 나의 문제 때문에 상대가 나를 따르지 않고 떠나가는 경우도 많았기 때문이다. 하지만 그럴 때마다 '좋은 사람들과 더 오래 함께 일할 수 있다면 참 좋을 텐데'라며 안타까워했다. 결국 정답은 리더십을 키우는 일이었다.

리더십에 관한 극한 직업

학원을 본격적으로 경영하면서 나는 누구보다 리더십이 절실하게 필요한 사람들이 바로 원장님들이라는 사실을 깨달았다. 사실 생각해 보면 학원이라는 것 자체가 사람들의 집합체이다. 공부를 하는 학생, 학생을 맡기는 부모님, 그 학생을 가르치는 강사, 학원을 운영하는 원장. 이 중에서 한 명만 빠져도 학원이라는 것 자체가 성립이 되지 않는다. 그렇다면 이 구조의 정점에 있는 원장이라는 사람은 강사도 관리해야지, 학생도 관리해야지, 부모도 관리해야 한다. 처음부터 끝까지가 사람 만나는 일이고, 그들을 관리하고 이끌어가는 일이다. 어떤 면에서 본다면 학원 원장님들은 리더십에 관한 한 '극한 직업'이라고 할 수 있다.

예를 들어 일반적인 기업이라면, 회사 대표가 소비자에 대한 리더십을 발휘할 필요는 없다. 소비자는 그저 제품이나 서비스에 만족해서 구매를 하지, 회사 대표를 보고 구매하지는 않는다. 그런데 학원은 다르다. 원장이라는 사람은 실질적인 소비자인 학부모에게도 리더십을 발휘해야 한다. 그들이 믿음직스럽게 여겨야 하고, 잘 관리하는 듯한 인상을 주어야 학원비를 내기 때문이다. 그러니 원장님 본인이 어떻게 느끼든 간에, 학원 운영의 본질에는 리더십이 반드시 개입하고 있다고 봐야만 한다. 더구나 아무리 체계적인 학원 운영 매뉴얼을 마련하거나 나름의 시스템을 구축한다고 하더라도, 그 안에서 사람을 끌어당기고, 그들의 마음을 하나로 뭉치는 리더십이 없다면, 나머지는 그저 허수아비일 뿐이다. 아무리 최신식 기술로 만들어진 총이라고 하더라도 총알이 없으면 그저 망치로 쓸 수밖에 없는 것과 마찬가지다.

원스타 장군님의 부드러운 모습

경영학, 심리학 등 다양한 전문적인 영역에서 리더에 대한 학문적인 정의는 수도 없이 많다. 하지만 나는 리더를 좀 더 쉽게 정의하고 싶다. 그것은 바로 '어린 시절 따라다니고 싶던 동네 형'이다. 동네 친구들과 축구도 하고 야구도 하고, 총싸움을 하는 경우가 종종 있었다. 그런데 유독 의지하고 함께 있고 싶었던 형이 있곤 했다. 그 형은 동네 아이들이 모여 축구를 할 때 포지션을 정해주기도 하고, 총싸움할 때는 어디에 몇 명이 배치되는지도 정해줬다. 나는 그 형을 믿고 따랐기에 군말 없이 형이 시키는 대로 했다. 축구를 할 때에는 내가 해보고 싶은 포지션이 있으면 형이 다른 친구들을 설득해주기도 했다. "얘들아, 이번에는 동헌이가 공격수 한번 해보고 싶다니까 기회를 한번 주자. 알았지?"라며 편을 들어주고 다른 친구들의 의견과 조율해주기도 했다. 이렇게 놀이를 하다 보면 좀 힘들 때도 있었는데, 그럴 때면 어김없이 그 형은 "동헌아, 힘들지? 좀 쉬었다가 해"라고 보살펴주기도 했다.

군대 시절의 경험에서도 나는 리더의 전형적인 모습을 본 적이 있었다. 내가 이등병일 때 원스타 장군님과 1:1 면담을 했던 일이 있다. 나만 면담하는 게 아니라 정기적으로 모든 이등병에 대해 하는 면담

프로그램이었다. 나는 면담 직전에 잔뜩 쫄았다. 군대에서 별은 누구나 우러러보는 계급이다. 군대의 규칙에 대해 누구보다 엄격하고, 진지하고, 또 무서울 것만 같았다. 그런데 웬걸. 직접 만나 본 원스타 장군님은 한없이 부드러운 남자였다. 그때 속으로 이렇게 생각했다.

'와~. 이런 부드러운 사람도 장군이 되어 병사들을 지휘할 수 있는 거구나!'

내가 전역한 뒤에 그분은 투스타로 진급했다고 한다. 자신의 실력을 더욱 인정받은 것이고, '부드러운 사람도 병사를 이끌 수 있다'는 생각을 다시 한번 확인하는 계기가 되기도 했다.

'따르고 싶은 동네 형'과 원스타 장군을 떠올리면서 나는 바로 이런 사람들이 진정한 리더라고 생각하고, 나 역시 학원에서 그런 리더십을 가진 경영자가 되어야 한다고 생각한다. 귀를 기울여주고, 어려움을 해결해주고, 어깨를 두드려서 함께 전진해나갈 수 있도록 해주는 사람이 진짜 리더라는 이야기다. 사실 누군가 아무리 리더가 되고 싶다고 한들, 스스로 리더가 되기는 힘들다. 사람들이 따라주지 않으면 허울뿐인 리더고, 명칭만 리더일 뿐이다. 그런 사람들에게는 실질적인 리더십이 없으니, 결국 리더가 아닌 셈이다. 사람의 마음을 얻지 못했기 때문에 그들이 따르지도, 이끌 수도 없기 때문이다.

찍어 누르기는 절대 금지

중요한 점은 자신이 리더랍시고 '찍어 누르기'를 하려고 하고, 또 그게 리더라고 여기는 착각이다. 그런데 이런 방식을 활용하는 데에는 명확한 이유가 있다. 문제를 해결하는 방법은 전혀 고민하지 않으면서, 빠르게 문제를 해결하고 싶기 때문이다. 예를 들어 강사가 어떤 문제를 제기하고, 학부모가 컴플레인을 한다고 해보자. 진정한 리더는 이 문제를 해결하기 위해 고심하고, 최적의 방법을 찾아내고, 그래서 마음을 움직이려고 한다. 하지만 이게 힘들고 귀찮으니까 강사에게는 "그건 선생님이 알아서 할 문제 아니에요?"라고 하거나, 학부모에게는 "그건 어머님이 잘 모르시는 거예요"와 같은 방식으로 문제를 해결하려고 한다. 한마디로 '내가 맞아'를 밀어붙이는 격이다. 이런 것이야말로 '리더십'이라고 표현할 수도 없는 최악의 방법이라고 할 수 있다.

본인이 리더십을 갖추고 싶다면 일단은 '내 뜻대로 안 되는 게 기본 세팅값'이라고 여겨야만 한다. 지금도 나는 내 마음대로 되지 않는 일이 80% 정도다. 하지만 모든 것이 내 뜻대로 된다는 것 자체가 말이 안 될 뿐만 아니라, 그걸 기본 세팅값으로 두면 급하게 짜증을 내지도 않고, 찍어 누르려고 하지도 않는다. 오히려 나는 '솔직함과 진심'으로 밀고 나가는 것이 리더십의 본질이라고 본다. 상대방을 인정하고 존중하면서 내 진심을 말하게 되면, 상대방도 이를 마음으로 받아들인다. 때로 최선을 다하지 않는 직원들을 볼 때에는 나도 내심 짜증이 밀려온다. 하지만 그럴 때는 그냥 있는 그대로 솔직하게 내 진심을 담아 말한다.

"선생님, 제가 볼 때는 조금씩 몸을 사리시는 거 같아요. 그럴 때면 '저는 충분히 하실 수 있을 텐데 왜 자꾸 몸을 사리시지?'라는 생각이 들 때가 있거든요. 혹시 그렇게 하는 이유가 있나요?"

굳이 에둘러 말할 필요도 없고, 내 생각을 부풀릴 필요도, 굳이 축소할 필요도 없다. 그냥 있는 그대로를 이야기하면 상대방도 인정하고 받아들이고, 또 그런 행동들이 교정되는 경우가 대부분이다. 물론 진심이 전달되고, 그것이 실제 효과를 발휘하기 위해서는 시간이 걸린다. 여러 번 말해야 하고, 대화를 할 때에도 신경을 많이 써야 한다. 하지만 그것은 일방적인 찍어 누르기를 통해 얻어지는 즉각적인 효과와는 완전히 다른 차원이 된다. 상대방도 진심으로 받아들이려고 하고, 그 교정의 효과는 매우 오래간다.

학부모와 학생들에 대한 리더십은 또 약간은 다르다. 직원이나 강사는 나와 함께 일해야 하는 사람들이고, 학부모와 학생들은 내가 관리해야 할 사람들이다. 그들에게는 '문제 해결의 리더'가 되려고 노력한다.

학부모가 아이를 학원에 보내는 목표는 모두 다르다. 어떤 학부모는 최소한 공부 습관만 들었으면 좋겠다고 생각하고, 또 어떤 학부모는 수학 점수가 80점만 넘었으면 좋겠다고 생각하는 경우도 있다. 이럴 때 나는 각자의 목표에 따라서 "어머님, 제가 아이의 공부 습관만은 꼭 잡아드릴게요"라고 하고, 또 때로는 "80점을 목표로 최선을 다하겠습니다"라고 말한다. 그리고 실제 그러한 방향에 초점을 맞춰서 지도한다. 즉, 학부모에 대한 리더십은 '나는 아이의 문제를 해결할 수 있다'가 된다는 이야기다.

학생의 경우에는 다소 예민한 아이와 그렇지 않은 아이로 나뉜다. 예민한 아이라면 상처받지 않게 최대한 문제의 원인을 파악하고 이야기를 들어준다. 즉 자신의 고민을 털어놓을 만한 어른이라는 인식을 심어준다. 앞에서 살펴봤던 '따르고 싶은 동네 형'이 되는 게 목표다. 이렇게 하면 아이도 마음을 열어 고민을 상담하고 나의 지도를 따라오게 된다. 그다지 예민하지 않은 학생이라면 직접적으로 피드백을 해주고, 앞으로 나아가야 할 방향을 분명하게 지적해준다. '너는 조금만 더 하면 충분히 80점이 되는데 왜 안 하려고 해?'와 같이 도전적인 과제를 던져주는 것이다. 이럴 때 나는 아이에게 '확실하게 길을 알려주는 동네 형'이 되는 셈이다.

노를 젓지 말고 방향을 제시해라

리더의 역할과 의미를 보다 정확하게 이해하는 방법이 있다. 나는 늘 리더를 '노를 젓는 사람이 아니라, 방향을 제시하는 사람'이라고 말한다. 일군의 사람들을 모아 보물을 찾아나서는 항해에서 리더가 노를 젓고 있으면 어쩌겠다는 말인가. 리더가 해야 할 일은 '오른쪽으로 3시간 가면 보물이 있으니 오른쪽으로 노를 저으라!'고 말하는 것이다. 그러면서 왜 오른쪽에 있는지를 설득하고, 사람들의 마음을 하나로 모아야 한다. 설사 보물이 거기에 없다고 하더라도 상관은 없다. 실망한 사람들의 마음을 추스르고 다시 왼쪽으로 갈 수 있게 만들어야만 한다. 물론 리더의 판단이 잘못됐을 때의 피해는 적지 않다. 하지만 리더라고 모든 것을 알 수는 없는 노릇이다. 중요한 점은 구성원들에게 비전을 주고, 목표를 설정해주면서 모두가 함께 하나의 마음으로 노력해 가는 환경을 설정해야 한다는 점이다.

이러한 리더십의 발휘에서 또 하나 중요한 점은 '마이크로 터치'를 해서는 안 된다는 점이다. 전체적으로 큰 방향은 제시하지만, 아주 세세한 것까지 일일이 지적해서는 안 된다. 너무 디테일하게 지적하면서 '이렇게 해, 저렇게 해'라고 말하는 것은 리더가 절대로 해서는 안 되는, 팀워크를 망치는 일이다. 조직이란 구성원 모두가 각자의 생각과 의견을 풍부하게 내놓고 그 안에서 가장 좋은 방법을 선택해 나가야 하는데, 리더가 처음부터 방법을 딱 정해줘서 제시하면 직원들이 할 게 없어진다. 그때부터는 그냥 팀을 함께 이끌어가는 팀원이 아니라 그냥 단순한 '일의 수행자'가 될 뿐이다.

나는 한번은 본부장님에게 "여기 학원은 수강생이 한 200명은 되어야 하지 않을까?"라고 농담 반 진담 반으로 말한 적이 있다. 전체적인 방향만 제시했을 뿐, 뭘 어떻게 하라는 지시 같은 것은 하지 않았다. 본부장님도 "네네, 200명 정도는 해야죠"라는 정도의 반응이었다. 하지만 수개월이 흐른 뒤에 정말로 본부장님의 주도 아래 수강생이 200명이 되었다. 이렇게 전체적인 방향만 제시하는 일은 나머지 모든 구체적인 수행의 창의적인 방법을 직원에게 넘기는 방법이다. 그들은 나름대로 이것저것 시도하게 되고, 안 되면 또 다른 방법을 스스로 찾아 나선다. 하지만 내가 처음부터 '200명을 넘기기 위해서 이런 마케팅을 하세요'라고 정해줬다고 해보자. 만약 그게 제대로 먹히면 다행이지만, 그렇지 않았을 때 본부장님은 "그거 해봤는데 안 되던데요?"
라고 말할 뿐, 스스로 방법을 찾을 생각을 하지 않는다.

감정의 전염, 리더십의 구축

마지막으로 원장님이 리더십을 확고하게 구축하는 매우 중요한 방법 하나가 있다. 그것은 바로 원장 스스로가 학원의 성장에 진심이어야 하고, 그것에 몰입하는 모습을 보여주어야 한다는 점이다. 말로만 "우리 학원은 성장해야 합니다"라고 외치는 것이 아니라, 매일의 행동과 태도로 그 진정성을 증명해 보여야 한다는 이야기다.

나는 이것을 '토양을 만든다'고 표현한다. 일단 좋은 토양이 있으면 씨앗이 다소 부실해도 충분한 영양을 공급받기 때문에 평균 이상으로는 자랄 수 있다. 하지만 토양 자체가 좋지 않으면 아무리 좋은 씨앗이라도 제대로 자라날 수가 없다. 원장님이 열심히 하고 진정성을 다해 몰입하게 되면 그 자체가 좋은 토양이 돼서 강사들이 따라오고, 학생들이 따라오고 그 결과 돈도 따라오게 된다. 반대로 생각해 보면 쉽다. 원장님이 주인의식이 없는데, 직원들이 주인의식이 있을 수 있을까? 원장님의 그릇이 B급인데, 강사의 그릇이 A급이 될 수 있을까?

120

결국 사람들은 매일 눈앞에서 반복해서 보여주는 행동을 따라 하게 되어 있다.

우리는 감정이 전염되는 일을 종종 겪곤 한다. 우울한 사람과 함께 있으면 자신도 우울해지고, 에너지가 밝고 활력 넘치는 사람 옆에 있으면 나도 모르게 그렇게 된다. 이는 실제 매우 과학적인 이야기라고 한다. 감정은 바이러스처럼 전염된다는 사실이 증명되었기 때문이다. 특히 조직 내에서 리더의 감정은 일반 구성원의 감정보다 훨씬 더 강력한 전염력을 가진다. 직장을 경험해 봤다면, 상사나 사장의 표정 하나가 사무실 분위기에 어떤 영향을 끼치는지를 경험해 봤을 것이다. 결국 원장이 어떤 모습을 보여주느냐에 따라서 그것이 모두에게 전염이 되고, 그 자체가 하나의 리더십으로 굳어지게 된다는 이야기다.

리더십이라는 것을 너무 복잡하고 어렵게 생각할 필요는 없다. 일단 '따르고 싶은 동네 형'과 부드러운 원스타 장군을 롤모델로 고정하고, 찍어 누르는 것이 아니라 마음을 얻어 나를 따르게 하는 일이라고 보면 충분하다. 여기에 전체적인 방향을 제시해 팀워크가 가능하도록 만들고, 본인 스스로는 학원 성장을 위해 몰입하면 그것으로 학원 경영자의 리더십은 충족될 수 있을 것이라고 본다.

조직 빌드업과 본진 구축

'좋은 원장' 되고 싶은 마음이
'망하는 원장'을 만든다

스테이지 1과 2를 통해서 기본 토대를 마련하고 시스템과 리더십까지 갖추었다면, 이제 본격적으로 조직을 빌드업하고 본진을 구축할 차례이다. 이제까지가 전체적인 마인드와 틀을 마련한 것이라면, 이제 스테이지 3부터는 내실을 꽉꽉 채워야 한다는 이야기다.

여기서부터 이제 원장님들은 조직 구축에 대한 독한 원칙을 세우면서 시작해야만 한다. 학원은 순식간에 망하기 좋은 구조를 갖추고 있다. 그 어떤 이유에서든 학부모가 결제하지 않으면 수입은 0원이 되는 구조다. 물론 다른 사업도 마찬가지이기는 하지만, 학원은 몇 가지 흉흉한 소문만 돌아도 곧바로 직격탄이 날아온다. 자신의 자녀를 맡기는 곳이기 때문에 학부모들은 매우 민감하다.

더 나아가 본진을 확실하게 구축하는 데에는 위기관리도 반드시 필요하다. 언제 어디서 위기가 시작될지 모르기 때문에, 강사와 직원, 학생, 학부모 등 다방면에서 문제를 미리 예상하고 솔루션을 확실하게 마련해야 한다.

"창업보다 수성이 더 어렵다"는 말이 있다. 차라리 무엇인가를 시작하는 일은 그리 어렵지 않을 수 있다. 하지만 이미 만들어 놓은 성과를 지키기는 훨씬 어려운 법이다.

좋은 원장과 착한 원장은 다른 개념이다

따지고 보면 자본주의 사회는 '만인에 대한 만인의 레버리지'가 아닌가? 유명한 기업, 돈 많이 주는 대기업치고 혹독하게 일을 시키지 않는 회사는 없다. 심지어 넷플릭스에는 "적절한 성과는 퇴직금을 부른다"는 말이 있다. 한마디로 극단적 성과주의를 실천하고, 그저 평이한 성과를 내는 직원은 가차 없이 해고한다. 우리가 알고 있는 거의 대부분의 글로벌 기업들은 이러한 관점에서 일을 시키고 성과를 낸다.

이탈리아의 정치 사상가인 마키아벨리는 『군주론』에서 이런 말을 했다.

"(군주가 대중들로부터) 사랑받는 것과 두려운 존재가 되는 것은 둘 다 바람직한 일이다. 하지만 그 둘을 결합하기는 어렵기 때문에, 만약 둘 중 하나를 포기해야 한다면 사랑받는 것보다 두려움의 대상이 되는 것이 훨씬 더 안전하다."

이 말을 학원 경영에 적용한다면, 그래도 학원 내에서는 내가 전체를 지휘하는 군주라고 할 수 있고 그렇다면 차라리 두려운 존재가 되어야 한다. 하지만 쉽게 수긍할 수는 없었다. 타인에게 '두려운 존재'까지 된다는 것이 받아들이기가 힘들었고, 그런 식으로 내 존재가 각인되어야 딱히 좋을 것도 없다는 생각도 들었다. 사람들이 나를 두려워한다면 너무 외롭고 쓸쓸할 수도 있기 때문이다. 그런데 학원을 경영하는 시간이 많아지고, 더 깊숙하게 성찰하면서 나는 비로소 마키아벨리의 말을 확실하게 받아들일 수 있었다.

사실 나는 강사들에게 참 잘해주고 싶었다. 초창기 학원 매출이 제대로 나오지 않는 상태였지만, 돈 때문에 고생할까 싶어 사비로 한 명당 30~50만 원씩 월세를 지원해주기도 했고, 심지어 어느 정도 매출이 올랐을 때는 자동차를 뽑아주기도 했다. 내가 그렇게 최선을 다해주는 만큼 그들도 나에게 최선을 다해줄 것으로 믿었기 때문이다. 그리고 자연스럽게 경영의 성과도 오를 것이라고 봤다. 하지만 결과는 나의 예상과는 완전히 달랐고, 심지어 욕도 먹고 배신도 당했다. 사람도 인생에서 크게 한번 아파 봐야 건강관리를 하듯, 나도 크게 당하고 난 뒤에 비로소 착한 경영자가 되기를 포기했다.

최하위 기버였던 과거의 나

좋은 원장이 되기 위해 잘 대해주고 열심히 퍼준 결과, 학원은 망하기 직전까지 몰렸다. 150명이었던 학생들은 80명으로 줄어들었고, 어떻게 해서든 생존하는 것 자체가 목표가 되는 처참한 지경에 내몰렸다. 말 그대로 학원은 침몰 중이었던 것이다.

나는 왜 그렇게 직원들에게 잘해주면서도 결국 최대의 위기에 처할 수밖에 없었는지에 대한 해답을 『기브 앤 테이크』라는 책을 통해 알게 됐다. 세상에는 기버Giver와 테이커Taker가 있다. 기버는 자신이 받은 것보다 더 많은 것을 상대방에게 주는 사람으로, 조건 없이 남을 돕고, 시간과 에너지를 아낌없이 베푼다. 반면 정반대의 테이커는 자신이 최대한 많이 가져가고 상대에게는 최소한만 주려 한다. 하지만 책의 결론은, 당장은 테이커가 이익을 챙기는 것처럼 보이지만, 궁극적으로는 사람들의 신뢰를 잃고 고립되어 자신이 원하는 만큼 가져가지 못한다는 점이다. 결국 테이커가 되기보다는 기버가 되는 것이 제일 좋은 방법 같지만, 여기서 이 책이 주는 반전의 통찰이 있다. 기버에도 두 종류가 있다는 것이다. 성공의 사다리를 분석해 보니, 가장 가난한 하위에 있는 사람도 기버고, 최상위에 있는 부자도 기버였다. 결국 같은 기버라고 하더라도 어떤 방식으로 주느냐에 따라서 그 운명은 완전히 갈린다는 점이다.

최하위 기버는 그냥 '남들에게 욕먹기 싫고, 착한 사람으로 보이고 싶으니 주는 사람이 되자'라고 결심한 사람이다. 그러니 전략이 있을 리도 없고, 계획도 없고, 명확한 경계선도 없다. 그냥 '내가 저 사람에게 잘해줬으니, 저 사람도 나에게 잘하겠지'라는 순진한 믿음이 전부다.

반면 최상위 기버는 철저하게 전략적이다. 무조건적으로 희생하는 것이 아니라 자신의 이익도 챙기면서 타인도 돕는 방식이다. 만약 상대가 테이커라는 판단이 들면 베푸는 것을 멈추거나 전략을 수정하여 자신을 보호한다. 즉, 착한 마음씨를 가졌지만 일방적인 호구는 아닌 셈이다. 그래서 이들은 남을 돕는 동시에 자신의 전문성, 평판, 네트워크도 함께 키워 나가며, 나도 잘되고 남도 잘되는 윈윈Win-Win을 추구한다. 한마디로 기버가 되어도 '똘똘한 기버'가 되어야 한다는 이야기다.

학원이 위기에 몰렸던 이유는 내가 전략 없는 최하위 기버였기 때문이다. 한마디로 '모든 사람에게 좋은 사람이 되자'라는 허황된 욕심만 있었던 셈이다. 나의 문제점을 파악하고서부터는 독하게 결심했다. 차라리 못된 리더가 되자, 모두에게 잘 보이려고 하지 말자, 욕을 먹더라도 학원의 성과를 만들고 그 결과를 그들에게 보여주면 되지 않겠는가? 그러면 그들도 역시 나를 따라올 수밖에 없을 것이라고 여겼다. 망한 조직의 마음씨 좋은 리더와 흥하는 조직의 나쁜 리더가 있다고 해보자. 직원들은 누구를 택할까? 아마도 후자의 리더가 훨씬 많은 선택을 받을 것이다.

결국 인생은 레버리지

그때부터 내가 가진 개념은 바로 '직원에 대한 레버리지'였다. 레버리지는 지렛대를 이용해서 만들어내는 힘이다. 직원을 마치 지렛대처럼 최대한 이용하고, 그들의 힘을 뽑아내서 학원 성장의 힘을 만들어 내자는 것이었다. 좀 더 솔직하게 표현하면, '어떻게든 직원을 부려 먹고 이용하는 마인드'라고 할 수도 있다. 또 생각을 바꿔 보니, 이제까지 착한 원장으로 행동하던 때에는 내가 직원들에게 레버리지 당했다는 억울한 마음도 들었다. 자신들은 나에게 받아먹을 것을 악착스럽게 받아내고 나를 위한 노력을 하지 않았으니, 좀 심하게 말하면 원장인 내가 '뽑아먹기 좋은 호구'였던 셈이다. 그래서 나는 그때부터 집요하게 직원에 대한 레버리지를 시도했고, 또 실천했다.

물론 이러한 생각에 거부감이 드는 원장님도 있을 것이다. 아무리 그래도 그렇지, 사람과 사람 사이에 그런 관계는 옳지 못하다는 점 때문이다. 하지만 나의 이런 생각을 꼭 부정적으로만 볼 필요는 없다고 본다. 따지고 보면 자본주의 사회는 '만인에 대한 만인의 레버리지'가 아닌가?

유명한 기업, 돈 많이 주는 대기업 치고 혹독하게 일을 시키지 않는 회사는 없다. 심지어 넷플릭스에는 "적절한 성과는 퇴직금을 부른다"는 말이 있다. 한마디로 극단적 성과주의를 실천하고, 그저 평이한 성과를 내는 직원은 가차 없이 해고한다. 우리가 알고 있는 거의 대부분의 글로벌 기업들은 이러한 관점에서 일을 시키고 성과를 낸다. 물론 이것을 꼭 착취라고만 볼 수 없는 이유는 그만큼 많은 자율권도 주고, 막강한 보상을 해주기 때문이다.

나는 조직이라면 이 방향이 맞다고 본다. 원장과 강사, 직원이 왜 학원에 모여 오늘도 일을 할까? 궁극적인 목표는 딱 하나다. 돈을 벌기 위해서다. 그 안에서 무슨 일이 벌어지든 간에 돈이 벌리지 않으면 모든 게 꽝이고, 학원이 존재한다는 것 자체가 코미디일 뿐이다.

그런데 이러한 극단적인 성과주의가 조직의 리더에게만 좋은 일은 아니다. 사실은 이런 경험을 통해서 구성원들도 자신이 예상하는 것 이상으로 성장하기 때문이다. 처음에는 '저게 될까?' 싶을 정도의 높은 목표였지만, 어느 순간 자신의 잠재력을 최대한 끌어올릴 수 있는 계기가 되기도 한다. 예전 같으면 '이 정도면 됐지 뭐'라고 했을 사람들도 계속되는 자신의 한계를 돌파하고, '나도 할 수 있구나!'라는 강한 자신감을 키울 수 있다. 그리고 이렇게 만들어진 더 나은 성과는 학원의 수익도 올려주지만, 본인의 인센티브도 올려준다. 결국 '내가 열심히 하면 학원도 잘되고, 학원이 잘되면 나도 더 많은 돈을 번다'는 인식이 정착하면서 비로소 그때부터 학원은 하나의 공동체가 될 수 있다. 결국 학원과 직원은 '상호 레버리지'의 상태가 될 수 있다는 이야기다. 물론 모든 직원이 다 이런 상태에 도달하지는 않는다. 내 경험상 10명 중에 1명, 많으면 2명 정도라고 본다.

나는 진심인데 왜 너는 대충?

상호 레버리지를 통해서 함께 성장하기 위해서 나는 가끔씩 직원들에게 강하게 이야기할 때가 있다. 과거의 '최하위 기버'일 때는 절대 하지 못하던 일이기도 하다. 예전에는 내 말에 직원이 기분 나쁘지 않을까 걱정했고, 혹시나 마음이 다칠까 먼저 고민했다. 하지만 그것만

가지고는 학원을 성장시킬 수 없다는 사실을 깨닫고 그때부터 나는 조금 강하게 말하는 원장이 되기 시작했다.

한번은 새벽 1시에 운전을 하며 지방으로 가고 있을 때였다. 잠시 쉬는 사이에 그간 직원들이 올렸던 학원 블로그 글을 확인하고 있었는데, 학원 이름이 잘못 기재된 경우가 있었다. 그때는 이미 여러 학원을 운영하고 있었기 때문에 그냥 과거의 다른 블로그 글을 긁어 와서 약간만 수정해서 올리다 보면 학원 이름이 잘못 기재될 수 있다. 하지만 다른 것도 아닌 학원 이름을 잘못 기재한다는 건 큰 실수다. 학부모들이 전혀 생뚱맞은 글을 본다면 학원을 어떻게 생각하겠는가? 나는 곧바로 새벽 1시가 넘는 시간이었지만, 담당 직원에게 전화를 걸어 쏘아붙였다.

"나는 정말로 이 학원이 발전하는 것에 진심인데, 너는 왜 대충대충이니?"

예전 같았으면 다음 날 업무 시간이 되어서 "저기, 블로그에 학원명이 잘못 기재되어 있는데, 좀 고쳐줄래?"라고 말했을 것이다. 어떨 때는 직원이 학원에 앉아서 아시안 게임을 시청하고, 사적인 휴대폰을 이용하는 모습을 볼 때도 있었다. 그날 이후 학원에 있는 모든 직원용

의자를 없애버렸다. 물론 내 의자도 없으니 나도 서 있어야만 했지만, 어쩔 수 없다. 직원의 모습은 곧 원장의 역량이라고 생각한다면 나도 반성할 부분이 있다고 생각했기 때문이다.

이렇게 때로 강하게 밀어붙였어도 배신감을 느낄 때도 있다. 2024년 초반, 학원 리브랜딩 컨설팅을 막 시작하면서 조금씩 성과를 내고 있었을 때였다. 그런데 일부 직원이 "대표님은 본인 학원도 못 하면서 무슨 컨설팅을 하러 다녀?"라는 말을 했다는 사실을 알게 됐다. 누군가 이 직원의 말만 들으면 정말로 내가 우리 학원 매출은 내팽개친 채 다른 학원 컨설팅을 한답시고 돈이나 벌러 다니는 것으로 알 것이다. 하지만 그 당시 학원 매출은 3,500만 원에서 4,000만 원 정도로 전성기를 달리고 있었을 때였다. 도대체 어떤 근거로 그런 말을 했는지는 모르겠지만, 나는 정말로 심한 배신감을 느꼈다. 겉으로 보이는 모습이 전부가 아니고, 입으로 나오는 말이 진짜 속마음은 아니라는 사실을 느꼈다.

최하위 기버에서 탈출하기

나는 좋은 원장과 착한 원장은 완전히 다른 개념이라고 본다. 좋은 원장은 직원들을 레버리지 하더라도 결과를 내는 사람이고, 돈을 벌어서 직원들에게 나눠주는 사람이다. 비록 '나쁜 원장'이라는 평가를 들을 수는 있다. 하지만 돈도 벌지 못하면서 자신도 고생하고 직원에게도 보답하지 못하는 '착한 원장'보다는 훨씬 더 낫다고 생각한다.

좋은 원장이 되기 위해서는 '밀당'이라는 것이 반드시 있어야 한다. 예를 들어 고향에 가서 할머니 할아버지를 뵙는다고 해보자. 갈 때마다 반갑다면서 5만 원을 주신다. 재작년에도, 작년에도 5만 원을 주셨다. 물론 아무런 조건도 없고, 그냥 사랑스러운 손자이기에 주시는 돈이다. 그런데 만약 올해에 5만 원을 안 주신다면? 사실 손자에게 돈을 주어야 할 의무는 없다. 그럼에도 불구하고 손자는 '어? 왜 올해는 안 주시지?'라며 섭섭해하고, 더 나아가 은근히 기분이 나빠진다. 나는 이것이 사람의 기본적인 심리라고 본다. 상대가 호의를 베풀어도 시간이 지나면 호의로 느끼지 않고 자신이 받아야 할 당연한 권리라고 생각하는 것이다.

그래서 좋은 원장이 되기 위해서는 밑밥을 던지면서 밀당을 해야 한다. 무작정 퍼준다고 상대도 나에게 잘할 것이라는 순진한 믿음 따위는 버려야 한다. 일단 그런 일은 이 세상에서 일어나지 않는다고 전제해야 한다. 따라서 정해진 목표라는 밑밥을 던지고 그것을 이루기 위해 최선을 다하기 위해 꾸준히 밀당을 하고, 그것이 이뤄졌을 때 비로소 보상을 해주는 방식이다. 바로 이것이 최하위 가난한 기버에서 벗어나는 길이고, 전략적인 최상위 기버로 변신하는 가장 간단한 원리이기도 하다.

"사랑받지 못할 거면 차라리 두려움의 대상이 되라"는 마키아벨리의 말을 가슴에 품어야 한다. 그리고 최대한의 레버리지를 통해 모두가 함께 돈을 버는 구조를 만드는 것이야말로 조직 구축에서 원장이 가장 염두에 두어야 할 부분이다.

원장 브랜딩, 눈에 띄지 않는다면 존재하지 않는 것이다

> 원장님의 얼굴을 공개하지 않으면서 브랜딩을 한다는 것은 명품백을 만들어 놓고 천으로 가린 후 "이 제품 사세요"라고 말하는 것과 똑같다. 나는 얼굴 공개를 꺼리는 일에 대해서 한 강연에서 이렇게까지 이야기하기도 했다.
>
> "학원 키우려고 하고 돈 많이 벌고 싶어 하는데, 본인 얼굴 하나 못 내세우는 원장님은 솔직히 경영을 하시면 안 됩니다. 조선시대에 태어났으면 몰라도요."

소비자들이 제품을 구매할 때 브랜드가 미치는 영향은 생각보다 크다. 특히 첫 구매 단계에서 브랜드 인지도가 미치는 영향은 최소 50%에서 최대 70%까지 된다는 연구 결과가 있다. 물론 이렇게 구매를 한 뒤 자신의 경험이 만족스럽지 못하다면 그 브랜드를 떠나는 경우도 많지만, 브랜드가 없는 상태라면 최초의 선택 기회도 없다고 볼 수 있다.

소비자들이 브랜드에 의존하는 이유는 여러 가지가 있지만, 중요한 점은 정보의 비대칭 상태에 놓인다는 이유 때문이다. 예를 들어 여러 돼지고기 생산업자들이 있지만, 소비자가 일일이 그 생산 현장에 가서 위생 상태나 고기의 질을 확인하고 구매할 수는 없다. 그러니 정보의 양이 한정된 상태에서 특정 생산업체를 선택해야 하는데, 바로 여기에서 신뢰할 만한 브랜드, 좋아 보이는 브랜드가 그 정보의 빈 구멍을 메운다는 이야기다.

학부모가 특정한 학원을 선택할 때에는 원장이나 강사와 면담을 하기는 하지만, 극히 짧은 시간일 뿐이다. 일주일 동안 수업을 참관하고 학원을 선택하는 경우는 거의 없다. 그렇다면 학부모가 학원을 선택하는 가장 첫 번째 기준은 바로 '원장 브랜딩'일 수밖에 없다. 인터넷에서 학원을 검색해 본 후, '와, 괜찮은 원장님 같은데?'라는 생각이 들면 선택이 손쉬워진다. 하지만 여전히 많은 원장님은 자기 자신을 브랜딩하는 것에 대해 미처 생각하지 못하고, 심지어는 거부감을 느끼고 있기도 한다. 내 입장에서 본다면, 그럴 거면 학원 경영은 포기해야 한다고 생각한다.

학부모가 관심 가질 자신의 장점은?

나는 가끔 연예 기획사들이 어떻게 연예인들을 데뷔시키고 인기를 얻게 하는지를 유심히 관찰하고 공부한다. 뉴진스는 어떤 스토리텔 링을 가지고 유명해졌을까? 르세라핌이 인기를 얻기까지는 어떤 결 정적인 서사들이 있었을까? 따지고 보면 르세라핌보다 춤을 잘 추는 가수가 없겠는가? 뉴진스만큼 노래를 잘 부르는 가수가 없을까? 그렇 지 않다. 그들보다 훨씬 실력이 좋은 가수들은 많을 것이다. 그럼에도 그들이 인기를 얻은 이유는 그들이 특정한 아우라, 분위기로 최적의 브랜드가 되었기 때문이다.

학원 경영자가 왜 연예 기획사를 연구하느냐고 궁금해할 수 있지 만, 사실 브랜드를 만드는 방법은 연예인이나 학원이나 크게 다를 것 이 없다. 원장님 자체에 나름의 서사가 있어야 하고, 반전이 있어야 하며, 학부모가 끌릴 만한 요소가 있어야만 한다. 바로 여기에서 사람 들은 흥미와 호기심을 느끼고, 결국 자녀를 위한 학원으로 선택하게 된다. 내가 원장님들에게 학원 경영을 위해서 가장 먼저 해야 할 것을 '원장 브랜딩'이라고 끊임없이 말하는 이유는 바로 여기에 있다. 학원 과 원장님 자체가 하나의 특이하고, 멋있고, 열정적이고, 호기심이 갈 만한 인물로 만들어야 한다는 이야기다.

무엇보다 원장님 그 자체가 학원의 차별화에 있어서 매우 결정적인 요소이다. 학원의 인테리어라고 해봐야 다 거기서 거기고, 학원에서 쓰는 교재 역시 몇몇 손에 꼽을 만한 것들일 뿐이다. 별로 차별화의 요소가 되지 못한다는 이야기다. 하지만 원장님이라는 사람은 100명이면 100명 전부가 다르다. 생김새도 다르고, 키도 다르고, 자신이 걸어온 길, 잘하는 분야 등 모든 것이 다 다르다. 따라서 브랜딩의 관점에서 학원 원장이 가지고 있는 장점과 차별화 요소를 강하게 어필하면 할수록, 그 자체가 브랜드가 되고 곧바로 학원 브랜드가 되는 것이다.

예를 들어 쇼맨십이 너무 좋은 원장님이 있다고 해보자. "얘들아 오늘 수업 시작할까?"라는 간단한 말조차 생기발랄하고, 애정이 듬뿍 담겨 있다면 어떨까? 학부모들은 "와, 너무 좋다. 우리 아이에게도 저렇게 애정을 가지고 밝게 대해주겠지?"라고 생각한다. 만약 원장님이 판서를 기가 막히게 한다고 해보자. 그러면 학부모는 "우리 아이도 저 선생님의 판서를 보면서 머리에 쏙쏙 이해가 되겠지?"라고 여긴다. 또 심리학과 출신이라서 아이들의 심리에 능통한 원장이 있다고 해보자. 역시 학부모는 "사람의 마음을 잘 알아주니까 내 아이의 마음도 잘 다독여서 공부에 집중하게 할 수 있을 거야"라고 기대한다. 원장의 특성이 브랜드가 되고, 이 브랜드가 바로 학부모의 학원 선택 기준이 된다는 이야기다. 그런 점에서 자신을 브랜드로 만들기 위해서는 가장 먼저 '내가 뭘 잘하지? 뭘 내세우면 사람들이 흥미를 가질까?'부터 집중적으로 생각해 봐야만 한다. 바로 이것이 다른 원장님들과는 차별화되는 가장 중요한 핵심 콘텐츠이기 때문이다.

조선시대에 태어났어야 할 원장님

원장 브랜딩을 위한 현실적인 준비는 프로필 사진을 찍고 그것을 블로그, SNS에 공개하는 일이다. 사진관을 찾아서 멋지게 헤어와 메이크업을 하고, 품격 있는 옷을 입어 1타 강사처럼 보여야 한다. 다만 일단 여기에서부터 심리적인 브레이크가 걸리는 경우가 많다. 현장에서 만나 본 많은 원장님은 대부분 얼굴 공개를 원하지 않기 때문이다. 물론 내가 설득을 하면 10명 중 9명 정도는 수긍을 하지만 그렇게 하기까지는 거의 세뇌 수준의 설득을 거쳐야만 한다. 왜냐하면 원장님의 얼굴을 공개하지 않으면서 브랜딩을 한다는 것은 명품백을 만들어 놓고 천으로 가린 후 "이 제품 사세요"라고 말하는 것과 똑같다. 나는 얼굴 공개를 꺼리는 일에 대해서 한 강연에서 이렇게까지 이야기하기도 했다.

"학원 키우려고 하고 돈 많이 벌고 싶어 하는데, 본인 얼굴 하나 못 내세우는 원장님은 솔직히 경영을 하시면 안 됩니다. 조선시대에 태어났으면 몰라도요."

물론 원장님이 자신의 얼굴까지 공개하고 온라인에서 활동하다 보면 원치 않는 결과도 있다. 말 그대로 이러저러한 악플에 시달릴 수도 있다는 점이다. 나 역시 한번은 머리를 올백으로 찍은 사진을 SNS에 올린 적이 있다. 그랬더니 이런 댓글이 달렸었다.

"개그맨 옥동자 닮았네?"

이 댓글을 읽고 나는 심호흡을 하면서 화장실에 간 후 10분간 천장을 바라보고 있었다. 이러한 사소한 외모 비하에서부터 예상치 못한 욕을 먹을 수도 있다는 이야기다. 하지만 이 세상에 공짜는 없다. 자신을 공개하게 되면, 악플로 인한 슬픈 감정보다는 그것으로 인해 학원이 유명해지고 돈을 더 벌게 되는 기쁜 감정이 훨씬 더 크다. 따라서 악플을 견디는 용기는 곧 학원 매출을 올리는 결단이라고 바라봐도 무방하다.

그런데 브랜드에는 한 가지 독특한 성격이 있다. 지금 당장 브랜딩을 시작한다고 해서 다음 주부터 학원생이 늘지는 않는다는 점이다. 생각보다 그 효과는 느리게 나타난다. 하지만 일정한 시간이 흐르면서 계단식으로 발전해 나간다. 어느 순간 쑥 올라가고, 또 어느 정도 시간이 지나면 쑥 올라간다. 그리고 어느 순간에 특정한 영역에서는 추종을 불허하는 브랜드가 된다. 그리고 이 말은 곧 그 브랜드가 약화되는 시간도 오래 걸린다는 이야기다. 그러니 한번 만들어 놓은 원장 브랜딩은 오랜 시간 돈을 많이 벌어다 주는 효자가 된다.

브랜드의 진정한 효과

어떤 분은 "자신의 얼굴과 활동하는 모습을 올린다고 진짜 매출이 오르나요?"라고 질문하는 분들도 있다. 물론 단순 노출이 매출을 올릴 리는 없다. 브랜드에는 사람들이 원하는 가치, 그리고 모든 이들이 좋아하는 의미가 담겨야 한다. 어떤 면에서 봤을 때 브랜드의 진짜 비밀은 바로 여기에 있다.

럭셔리 브랜드에서 우리는 무엇을 느끼는가? 어떻게 보면 명품 가방도 가방일 뿐이고, 명품 시계도 그냥 시계일 뿐이다. 하지만 사람들은 그것을 단순한 가방이나 시계로 여기지 않는다. 따라올 수 없는 고급스러움, 누구나 갖지 못하는 품격, 타협하지 않는 완벽함 속에서 더 우아하고 특별한 자신을 느낀다.

원장 브랜딩도 마찬가지다. 내 아이의 성적을 위해서 타협하지 않는 열정, 아이들을 케어하기 위해서 고심하는 모습, 남들이 뭐라 하든 상관하지 않으면서 자신에게 몰입하는 원장님의 사진 한 컷에서 진정한 브랜드의 가치를 느끼게 된다는 점이다.

물론 브랜드만 된다고 만사형통이라고 볼 수도 없고, 설사 일정한 효과를 거뒀더라도 정체되는 구간은 반드시 있다. 수학으로 따지면 마치 '극댓값' 같은 것이다. 더 이상 성장하지 않고 멈춰진 느낌이 드는 순간은 반드시 온다. 마치 벅찬 마음으로 산의 정상을 정복했지만, 더 이상 올라갈 곳이 없어서 한편으로는 허무해진 느낌이라고 할까? 하지만 이런 순간에도 그간 원장 브랜딩을 잘해왔다면, 그것을 쉽게 포기하지는 못한다. 자신을 되돌아보고 어떻게 더 발전시킬 것인지 고민하게 된다. '어떻게 만들어온 내 브랜드인데…'라며 다시 도전의 의지를 다지기 때문에 한순간에 맥없이 무너지는 일은 별로 없다는 점이다.

세계적인 마케팅 전문가인 세스 고딘은 이런 말을 했다.

"붐비는 시장에서 남들과 똑같다는 것은 실패이다. 바쁜 시장에
서 눈에 띄지 않는다는 것은 존재하지 않는 것과 같다."

원장이 브랜딩되어야 눈에 띄고, 눈에 띄어야만 학부모의 선택을
받을 수 있다. 그래서 원장 브랜딩은 눈에 보이지 않는 자산이며, 값
을 매길 수도 없는 지적 자본이라고 할 수 있다. 멋진 프로필 사진을
찍고, 매력을 느낄 수 있는 자신의 사진과 동영상, 그리고 그에 관한
글을 올리는 일에서부터 시작해야 한다.

학부모의 망설임을 해결하지 않으면 결제도 없다

무엇보다 중요한 점은 상담 단계에서부터 '이 학부모는 왜 다른 학원도 많은데 우리 학원에 상담을 받으러 왔을까?', '현재 학부모가 파악하고 있는 아이의 문제점은 무엇일까?'를 집중적으로 질문하고 파악하는 것이 큰 도움이 된다. 이렇게 하면 학부모의 의도를 알고 그들의 마음속으로 들어갈 수 있다.

화룡점정畫龍點睛이라는 말을 알 것이다. 아주 오래전, 중국의 한 화가가 사찰에 용 네 마리를 그렸는데, 이상하게 눈동자를 그리지 않았다고 한다. 이를 본 사람들이 궁금해서 물어보니 화가는 "눈동자를 그리면 용이 하늘로 날아가기 때문입니다"라고 말했다. 너무 황당하다며 사람들이 믿지 않자, 화가는 정말로 두 마리의 눈에 눈동자를 그려 넣었고, 용이 진짜 하늘로 날아갔다는 전설 같은 이야기에서 유래한 말이다. 어떤 일을 하는 과정에서 가장 완벽한 마무리, 혹은 이제까지의 과정 전체를 완성시키는 최종적인 신의 한 수를 말하기도 한다.

학원 경영에서도 이같은 화룡점정의 순간이 있다. 바로 학부모님들이 자녀의 학원비를 결제하는 그 순간이다. 이 순간이 없으면 아무리 원장님의 실력이 뛰어나도, 아무리 자녀를 잘 케어한다고 떠들어봐야 별 소용이 없다. 10명의 학부모가 와서 상담을 하고 가더라도 단 1명도 결제하지 않으면 그 10명을 만났던 시간도 물거품이 되어 버린다. 이러한 상황은 학원 경영자들이 가장 경계해야 할 것이기도 하다. 경영의 모든 성패는 '이번 달 매출'에서 결정된다는 점에서 이제 우리는 장기적으로 튼튼한 학원이 되기 위해 '결제가 잘되는 학원'을 지향해야만 한다.

정작 문제는 다른 곳에

에어비앤비는 오늘날 전 세계인이 이용하는 숙박 공유 플랫폼이다. 아마도 한 번쯤 이용해 보고 그 매력에 푹 빠진 분들도 많을 것이다. 그런데 사실 창업 초기에는 너무도 궁핍한 시절을 겪어야만 했다. 뉴욕에만 해도 수십여 개의 숙소를 마련해 영업을 했지만 한 달 매출은 한국 돈으로 100만 원도 되지 않을 때였다. 투자자들에게 돈을 투자받아 사업을 좀 더 확장해 보려고 했지만, "이 사업은 뱀파이어처럼 돈을 빨아먹는 사업이다"라고 말하며 외면했다.

창업자들은 깊은 고민에 빠졌다. 자신들이 보기에는 숙소는 매우 훌륭했고, 입지도 좋았기 때문이다. 하지만 아무리 스스로 그렇게 생각한들, 바닥인 매출 앞에서는 힘이 빠질 수 없었다. 결국 그들은 문제의 원인을 파악하기 위해 고객들을 찾아가 대화를 시도했다. 그러자 전혀 예상하지도, 상상하지도 못한 대답이 돌아왔다. 고객들의 대답을 종합해 보니 이랬다.

'실제 숙소는 참 좋았는데, 홈페이지에서 봤던 사진은 정말로 엉망이었다.'

그때까지만 해도 사진의 중요성을 몰랐던 숙소 주인들은 대강 자신들의 휴대폰으로 저화질 사진을 찍어 올려놓았다. 그러니 그 사진을 에어비앤비 홈페이지에서 본 사람들은 "왜 이렇게 별로야?"라고 여기며 예약을 하지 않았던 것이다. 결국 창업자들은 직접 비싼 카메라를 대여해 숙소 사진을 하나하나 촬영해서 다시 올리기 시작했다. 이후 '에어비앤비 전문 사진 프로그램'을 론칭해 호스트가 신청하면 직접 사진작가를 파견하는 시스템을 갖췄다. 그러자 매출은 급격하게 올라가기 시작했다. 이에 새로운 희망을 본 창업자들은 이 시스템을 더욱 확대해 수천 명의 프리랜서 사진작가들을 활용해서 전 세계 숙박업소의 사진 문제를 해결했다.

에어비앤비의 사례는 어떤 사업에 있어서 경영자와 소비자의 인식 차이와 괴리가 어느 정도인지를 단적으로 알게 해준다. 경영자는 A를 문제라고 여기고 있을 때 정작 소비자는 C나 D의 문제 때문에 서비스를 구매하지 않았던 것이다.

미국의 주요 대기업과 정부 기관을 컨설팅했던 베테랑 컨설턴트인 케이트 자브리스키는 이런 말을 했다.

"고객의 인식이 당신의 현실이다."

만약에 많은 학부모 상담을 하고도 결제가 되지 않는 슬픈 현실을 보게 된다면, 학부모가 당신의 학원을 '굳이 결제할 필요가 없는 학원', '아이를 보낼 필요가 없는 학원'이라고 여기고 있다는 사실을 뼈저리게 깨달아야 한다. 즉, 학부모의 진짜 니즈가 뭔지, 그들이 정말로 원하는 것이 무엇인지를 깨닫지 못하고 있다는 이야기다.

부모의 불안한 마음

수많은 성공한 사람이 끊임없이 집중하고 골몰하는 것은 '고객의 니즈'를 파악하고 분석하는 일이다. 그들은 '왜 고객이 나를 선택하지 않았지?', '고객이 왜 결제를 망설이고 있는 거지?'를 분석하면서 자신의 부족함을 메우고, 그 니즈를 맞추기 위해 노력했다.

보통 학원 원장님들은 학부모의 니즈를 크게 두 가지라고 생각한다. '강사들이 아이의 성적을 올려줄 수 있는지, 우리 아이를 잘 케어해서 아이가 잘 적응할 수 있는지'이다. 하지만 이런 생각에 머물면 진정한 학부모의 니즈를 제대로 파악하려는 노력조차 안 하는 것이라고 볼 수 있다. 사실 학부모의 니즈는 생각보다 다양하고 복잡하다. 소심한 내 아이가 학원에 적응할 수 있을지, 학교에서 친구 관계가 좋지 않은데 학원에서는 괜찮을지, 강사들이 아이의 난이도를 맞출 수 있을지… 어떤 면에서는 별의별 걱정을 다 한다고 볼 수 있다. 단지 성적 향상과 케어만이 전부가 아니라는 이야기다. 이런 부모들을 상대로 그저 "저희는 아이의 성적도 올려주고, 케어도 잘해드려요"라고 말해 봐야 딴 나라 이야기일 뿐이다.

무엇보다 중요한 점은 상담 단계에서부터 '이 학부모는 왜 다른 학원도 많은데 우리 학원에 상담을 받으러 왔을까?', '현재 학부모가 파악하고 있는 아이의 문제점은 무엇일까?'를 집중적으로 질문하고 파악하는 것이 큰 도움이 된다. 이렇게 하면 학부모의 의도를 알고 그들의 마음속으로 들어갈 수 있다. 그리고 바로 이것이 그들이 '진짜 원하는 것'을 파악하고 그 부분에서의 불안을 해소해 주어야 한다는 점이다. 바로 이 순간에 결제가 일어나게 된다.

물론 결제는 첫 달만 해서는 안 되고, 꾸준하게 일어나야 하기 때문에 일단 등록을 한 뒤에도 이러한 진정한 니즈의 파악은 계속되어야 한다. 학부모의 니즈 역시 끊임없이 변하고 달라지기 때문이다. 그래서 계속해서 소통을 해야만 한다. 현재 아이의 성적 관리가 어떻게 되고 있는지, 아이의 학습 태도가 어떤 변화를 맞이하고 있는지를 꾸준하게 카톡으로 전해주어야 하고, 잘 안되고 있다면 그 문제의 원인까지 함께 알려주어야 한다. 반면 아이에게 과거보다 좀 더 심각한 문제가 있다면 그 원인에 대해서도 함께 학부모와 논의를 해봐야 한다. 학부모들도 아이가 당장 바뀔 수 있다고 여기지는 않는다. 하지만 학원에서 끊임없이 관심을 쏟고 있다는 것 그 자체에 계속해서 희망을 가지고 또 결제를 하게 된다.

니즈 파악을 위한 극단적 결정

나는 이러한 학부모의 니즈를 파악하기 위해 한번은 극단적인 결정을 한 적도 있었다. 학원을 부원장에게 맡겨 놓고 한창 전국적으로 확장을 하고 있었을 때였다. 물론 중간보고를 받고 있었지만, 어느 순간 학생들의 대규모 이탈이 시작됐었다. 결국 안 되겠다 싶어서 내가 직접 나서기로 했고 거의 100명에 가까운 학부모와 직접 전화로 이야기를 하기 시작했다.

우리 학원의 이미지가 어떤지, 그간 왜 학원에 아이를 보냈고, 왜 이제는 보내지 않는지를 물었다. 물론 듣는 나로서는 매우 불편하지 않을 수 없었고, 학부모님들도 이야기하기를 꺼렸다. 하지만 나는 최대한 설득을 했고, 그 말을 듣는 나 역시 불편함 정도는 저 멀리 놓아 두었다. 문제를 파악하지 않으면 지금의 대량 이탈 현상을 막을 수도 복원할 수도 없기 때문이다. 한마디로 생사가 걸린 문제였다. 그런 상황에서 마음의 불편함이 무슨 상관이겠는가. 그들의 말을 전부 듣고 매 전화 통화에서 "저희가 리뉴얼해서 다시 최선을 다하겠다"고 말씀을 전했다. 그렇게 2~3개월을 학부모님들의 이야기를 듣고, 니즈를 파악하고, 학원을 변신하는 것에 최선을 다했다. 그러자 통화했던 학부모님들의 70%가 다시 돌아올 수 있었고, 학원은 위기를 극복할 수 있었다.

사람의 심리는 생각보다 복잡하고 심층적이다. 어떤 면에서 타인의 행동을 보고 그 원인을 단순하게 미루어 짐작하는 것 자체가 어리석다는 생각이 들 정도다. 그 심연 속에 감춰진 궁극적인 원인, 그리고 구체적인 니즈를 파악하기 위해서는 결국 계속되는 관찰과 소통 밖에 다른 답은 존재할 수가 없다.

강사의 매출은 얼마가 되어야 할까?

경영은 늘 수입과 지출을 동시에 따져야만 한다. 학부모의 결제가 수입이라면, 강사에 대한 월급과 비율제에 의한 인센티브는 지출이 된다. 따라서 결제도 중요하지만, 이 지출 구조를 어떻게 짜는지도 매우 중요한 문제이다. 일단 강사의 월급에 대한 나의 기준은 다음과 같다.

▲A급 : 자신이 받는 월급의 4배를 버는 강사(월급이 250만 원, 매출이 1,000만 원)

▲괜찮은 강사 : 자신이 받는 월급의 3배를 버는 강사(월급이 250만 원, 매출이 750만 원)

▲밥값은 하는 강사 : 자신이 받는 월급의 2배를 버는 강사(월급이 250만 원, 매출이 500만 원)

▲밥값도 못하는 강사 : 자신의 월급과 똑같이 버는 강사(월급이 250만 원, 매출도 250만 원)

이런 기준은 원장님의 마음속에만 혼자서 가지고 있어서는 안 된다. 강사들에게도 이 기준을 명확히 알려줄 필요가 있고, 그렇게 해서 강사들의 머릿속에 '내 월급의 4배는 벌어야 한다'는 지향점을 심어줄 필요가 있다.

그다음 비율제 강사는 시작하는 시점도 중요하다. 강사의 매출이 꾸준히 오른다고 전제한다면, 대략 3년 차, 총 매출이 1년 내내 1,500만 원을 넘어서는 시점이라고 본다. 이때의 비율은 일반적으로 원장 6 : 강사 4라고 할 수 있겠지만, 나 같은 경우라면 바로 5 : 5를 제안할 것 같다.

물론 5 : 5로 하더라도 강사는 불만을 표할 수도 있다. 원장님이 너무 많이 가져가는 것 아니냐고 말이다. 그러나 그렇게 볼 수는 없다. 그 강사는 지난 3년간이나 학원에서 점차 제대로 된 강사로 성장할 수 있었고, 수많은 경험을 했고, 또한 원장의 지도를 받았으니 5 : 5도 강사의 입장에서는 가혹한 것이라고 보기는 힘들기 때문이다.

흔들릴 수는 있어도
무너지지는 않는 학원의 위기경영

학원 경영에서도 예외는 아니다. 위기는 늘 올 수 있으며 그것이 당장 내일이라고 이상하지 않다고 생각해야 한다. 그래서 나는 학원을 경영하면서 '학생들은 언제든 빠져 나간다', '오늘도 사표를 가슴에 품고 출근하는 직원이 대다수다'라고 가정한다. 이렇게 생각하게 되면 우선 심리적으로 크게 흔들리지 않는다.

학원이 어느 정도 안정 단계에 접어들 때가 있다. 이럴 때 많은 원장님이 '아, 드디어 나도 뭔가를 좀 이뤘다'라는 안도감을 느낀다. 하지만 마치 롤러코스터 같은 성공과 실패의 반복을 경험했던 내 입장에서는 그러한 안도감을 느낄 때가 바로 '최약체의 순간'이라고 생각한다. 대체로 사람들은 성공에 대한 안도감을 느낄 때 하나의 큰 착각에 빠지기 때문이다.

MS의 빌 게이츠는 이런 말을 했다.

"성공은 형편없는 스승이다. 그것은 똑똑한 사람들로 하여금 자신은 절대 질 리 없다는 착각에 빠지게 만든다."

마치 이제까지 내가 이룬 성공과 그로 인해 성장한 내 실력이 미래에도 그대로 이어지고, 또한 어떤 상황이 닥쳐도 승리할 것이라고 믿는다는 점이다. 하지만 이는 조금만 생각해도 빌 게이츠의 표현대로 '착각'이라고 할 수 있다. '왕년에 잘나갔던 사람들'은 이 세상에 수도 없이 많다는 점만 상기해 봐도 금방 알 수 있다. 과거의 성공은 모두 신기루가 되어 사라지고, 자신이 처한 현실은 외면하고 싶을 정도인 사람도 많기 때문이다.

이러한 착각에 빠졌다는 가장 확실한 징후가 바로 '원장병'이다. 나역시 이 병에 걸려 큰코다친 적이 있다. 대표적인 증상은 '아, 나 이제 원장님이야~. 이제 좀 편하게 관리하면서 살래'라는 생각이 드는 것이다. 고고하고 우아한 척을 하면서 그저 학원 매출을 계산해 순수익만 얻으면 된다는 생각이다. 하지만 원장병에 걸리는 순간, 학생들이 빠져나가고 학부모가 외면하고, 직원들이 순차적으로 학원을 그만두는 나락이 눈앞에 와 있다고 여겨야만 한다.

취약하고 부실하고

일명 '위기 경영'이라고 하는 것이 있다. 위기가 닥친 이후에 허겁지겁 그 위기를 수습하는 것이 아니라 '상시적으로 위기다'라는 점을 전제하고 잘나갈 때에도 위기를 대비하는 방식의 경영이다. 지금 당장은 매출이 좋고 조직이 안정적으로 돌아가고 있더라도, 언제든 상황은 급변할 수 있다고 보는 것이다. 이러한 회사들은 '내일 당장 우리 제품이 팔리지 않는다면?', '다음 주에 회사의 제조 공정이 돌아가지 않는다면?'이라고 가정하면서 대책을 사전에 마련한다.

나는 학원 경영도 이렇게 해야 한다고 본다. 위기는 늘 올 수 있으며 그것이 당장 내일이라도 이상하지 않다고 생각해야 한다. 그래서 학원을 경영하면서 '몇몇 학생은 오늘 오후에 빠져나간다', '오늘도 사표를 가슴에 품고 출근하는 직원이 대다수다'라고 가정한다. 이렇게 생각하게 되면 실제 그런 상황이 닥치더라도 심리적으로 크게 흔들리지 않는다. 하루에 10명의 학생이 빠져나간다고 하더라도 "그래, 그럴 줄 알았어. 아이들은 언제든 그만두지"라고 생각하고, 믿었던 강사가 갑자기 그만둔다고 하더라도 "그건 너무 당연한 거야. 잘하는 강사가 더 좋은 학원으로 가는 건 당연하지 않아?"라고 여긴다. 따라서 이렇게 위기를 너무 당연하다고 여기는 관점은 실제 그 일이 닥쳤을 때의 멘붕을 예방해 주고, 빠르게 회복을 할 수 있는 여유를 줄 수 있다. 하지만 중요한 점은 그렇게 심리적인 안정감만을 유지하는 일은 아니다. 실제 이러한 문제들을 커버해서 다시 회복하는 방법, 혹은 사전에 방어하는 노하우가 더 중요하기 때문이다.

더구나 이러한 위기 경영을 상시적으로 한다는 것은 '조직 빌드업과 본진 구축'에서 필수적인 일이다. 아무리 학원을 잘 성장시켰다고 하더라도, 위기에 빠졌을 때 어떻게 헤쳐 나갈 것인지가 미리 마련되어 있지 않다면 이는 학원 경영에 큰 구멍이 동시에 존재한다고 봐야 한다. 그렇다면 아무리 조직을 빌드업했다고 생각하더라도 '취약한 빌드업'에 불과하고 아무리 본진을 잘 구축했다고 여겨봐야 '부실한 본진'에 불과하다.

홀딩률과 신규 유입률 동시에 높이기

학원 경영에서 닥치는 첫 번째 위기는 바로 학생들이 스멀스멀 빠져나갈 때이다. 지지난달에 3명, 지난달에 2명, 이번 달에 1명… 한 달에 빠져나가는 숫자는 작아 보일지 몰라도, 문제는 이게 누적이 되면 매출은 누적 타격을 입게 된다.

이런 위기에서는 두 가지 차원의 대책이 필요하다. '홀딩률'을 높이는 것이고, 또 하나는 '신규 유입률'을 늘리는 일이다. 홀딩률을 높이기 위해서는 3명 나갈 숫자를 1명으로 줄이려는 노력이고 신규 유입률은 1명이 등록할 것을 2명으로 늘리는 것을 말한다. 빠지는 숫자를 줄이고 채워지는 숫자를 늘리면 그 피해가 최소화될 수 있다. 이를 위한 가장 훌륭한 방법은 바로 학원의 기본으로 돌아가는 일이다. 일단 홀딩률을 높이기 위해서는 아이들을 잘 가르쳐 성적을 조금씩 올려 나가는 일은 물론 상시적인 케어를 잘해야만 한다. '그런 건 학원에서 너무 당연한 거 아니야?'라고 할 수 있어도 원장님이 원장병에 걸리거나, 강사들이 편안함에 안주하게 되면 이런 기본적인 것조차 제대로 이뤄지지 않는 경우가 허다하다. 동시에 신규 유입률을 높이기 위해 계속해서 홍보와 마케팅을 멈추지 않아야 한다는 점이다. 종합하자면, '어차피 아이들은 규칙적으로 나갈 수밖에 없다. 따라서 그것을 최소화하면서 동시에 규칙적으로 새롭게 학원에 등록할 아이들을 늘리면 된다'는 개념을 마음에 박아두면 된다.

두 번째로는 강사나 직원이 그만두는 일도 학원에는 큰 위기다. 일단 이러한 사태를 사전에 예방하기 위해서는 '그들은 늘 불만을 가득 품고 있는 사람이다'라고 전제하고, 앞에서 이야기했던 '커피숍 스몰토크'를 상시적으로 이어가야 한다. 초기에 오른팔을 만들 때만 필요한 것이 아니고, 계속해서 꾸준히 해나가야 한다는 이야기다. 불만을 그때그때 해결해 주면 다시 마음은 평온한 바다로 돌아가지만, 첩첩이 쌓여 있다면 나중에는 거친 파도가 되어 원장님들을 역습하게 된다.

학원의 근육 키우기

강사의 이탈을 대비하는 실질적인 대안은 바로 '두 배수의 법칙'이다. 그러니까 필요한 직원이나 강사를 두 배로 쓰면서 언제든 한 명이 그만두는 상황을 대비하는 방식이다. 예를 들어 자신의 학원에 200만 원을 주는 강사 한 명이 필요하다고 해보자. 하지만 나는 일부러 100만 원을 주는 2명의 강사를 쓴다. 이렇게 하면 한 명이 그만두었을 때는 언제든지 나머지 한 명에게 '임시로 200만 원을 줄 테니 수업 전부를 해줄 수 있어?'라고 부탁할 수 있고, 또다시 나머지 1명을 채용하게 된다. 심지어 나는 두 배수가 아닌 3~4배수까지 강사들을 채용하고 그 안에서 서로를 경쟁시키고, 강사의 부족 사태를 대비하곤 했다.

거기다가 나는 늘 강사나 직원들이 그만두는 일에 대해서 아쉬움이나 안타까움 자체를 가지지 않으려고 한다. 왜냐하면 그들이 그만두게 되면 정반대로 더 좋은 강사와 직원이 들어올 수 있는 문이 활짝 열렸다고 믿기 때문이다. 그도 그럴 것이 지금 나와 함께 일하고 있는 그들이 '대한민국 최고'일까? 그럴 리는 없다. 따라서 누군가가 그만두는 일을 두려워하지 않고, 오히려 새로운 기회로 받아들이면 훨씬 마음도 가벼워지게 된다.

이렇게 예상보다 더 많이, 더 빨리 준비하는 것은 이제 나의 일상적인 습관이 되었을 정도다. 외출을 하려다가 갑자기 '아, 물이 필요할 텐데'라는 생각이 들면 물 1병을 사는 게 아니라 2병을 산다. 오늘 할 강의 예정자가 40명이라고 하더라도 '아, 더 올 수도 있지 않을까?'라며 15개의 의자를 더 준비하는 방식이다.

나는 일상에서 이러한 학원 경영에서도 좀 더 많은 준비를 하는 것을 '근육질 몸을 만드는 일'이라고 생각한다. 사실 근육이 없는 사람이라고 하더라도 일상적인 생활을 하는 것에는 문제가 없다. 더구나 근육이 엄청 많은 사람이라고 해도 일상생활을 더 잘하는 것도 아니다. 하지만 갑자기 밥을 먹을 수 없는 상황이 되거나, 혹은 빠른 속도로 달려야 하는 일이 있을 때 근육이 탄탄한 사람과 그렇지 않은 사람은 큰 차이가 나게 마련이다.

개인의 삶도, 학원의 경영도 늘 흔들릴 수는 있다. 문제는 그러한 흔들림이나 위기 속에서 그냥 침몰하느냐, 아니면 그래도 다시 일어서느냐는 완전히 다른 차원의 문제다. '위기 경영'을 염두에 두면서 멘붕을 방어할 심리적 안전망을 준비하고 구체적인 대책까지 마련해놓았다면, 흔들리기는 해도 결코 침몰하지 않는 학원 경영을 해나갈 수 있을 것이다. 위기를 이겨나가는 경영도 결국 습관의 문제라고 생각해야만 한다.

파워 게임의 위험성도 알아야 한다

이 세상의 모든 조직에는 일정한 파워 게임이 있게 마련이다. 그러니 학원에서도 그것이 없다고 생각해서는 안 된다. 문제는 일단 한번 파워게임이 시작되면 그 결과는 무시무시하다.

나 역시 한번에 3명이 그만두는 일을 경험했다. 물론 그들 사이에 위계가 없었던 것은 아니었다. 누군가는 부원장이고, 누군가는 실장이고, 누군가는 평강사이다. 하지만 이렇게 직위를 나눠서 부여했다고 그것을 충실하게 따르는 것은 아니다. 무엇보다 나의 가장 큰 실수는 그들 사이에 나이의 차이를 감안하지 않았다는 점이다. 동년배거나 1~2년 차이에 불과했다. 다들 학원 성장을 위해 열심히 일한다고 생각했기 때문에 그런 차이가 뭐 그리 중요하겠느냐고 생각했다. 하지만 막상 그들 사이에 파워게임이 발생하니 참으로 어이가 없었다. 이러한 일을 당한 후 조직을 구성할 때에는 반드시 나이를 감안했다.

최대 3살 정도는 차이가 나도록 구성했다. 물론 나이 차이가 있다고 파워게임이 사라진다고 단정할 수는 없지만, 나이 차이도 없는 상태라면 파워게임이 생길 가능성은 더욱 높아진다.

이와 함께 원장이 각자의 역할과 권한을 계속해서 주지시켜야 하는 반면, 누군가의 '편'을 들어서 하는 의사결정을 해서는 안 된다. 평소 내가 믿고 의지하는 사람이라고 해서 무작정 그 사람의 편을 들어주는 결정을 하게 되면, 이미 그 자체가 파워게임의 음침한 토대가 된다. 누군가가 '저건 아닌데?'라고 생각하는 순간, 불만이 쌓이게 되고 그때부터 파워 게임이 시작되기 때문이다.

STAGE 4

주무기로서의 마케팅 전개

마케팅은 경쟁 구도를 부수고, 카피는 부모의 마음을 훔친다

학원 원장님들에게서 가장 약한 부분 하나를 꼽으라면 단연 마케팅이라고 할 수 있다. 자신을 교육자로 생각하는 경향이 있기 때문에 마케팅을 하라고 하면 마치 장사꾼이 되는 듯한 느낌으로 받아들이기 때문이다. 하지만 이는 마케팅에 대한 가장 큰 오해이자, 학원의 경영과 성장을 가로막는 최대의 착각이기도 하다. 진정한 교육자가 되기 위해서라도 마케팅을 통해서 더 많은 학생을 만나야 한다. 아이들도 별로 없는 학원에서 교육자를 자처해 봐야 별 의미 없는 일임은 너무도 당연하다.

더구나 마케팅은 학원이 있는 동네의 경쟁 구도를 부수는 매우 강력한 무기라고 할 수 있다. 사실 학부모들은 원장님들의 실력을 일일이 테스트해 보고 학원을 결정하지는 않고, 또 그럴 수도 없다. 그냥 자신이 보기에 '잘 가르칠 듯한' 학원을 선택하게 된다. 결국 이것은 인식의 문제라는 이야기다. 따라서 마케팅을 통해 이러한 인식의 문제를 바꿀 수 있다면, 그때부터는 동네에서 차별화되는 학원을 만드는 지름길이 된다. 여기에 부모의 마음을 훔칠 수 있는 카피라이팅 능력까지 겸비한다면, 보다 '특별한 학원'이 되어 큰 성장을 기대할 수 있게 된다.

티칭 실력이 좋은 원장일수록,
마케팅을 해야만 한다

결국 나는 방법을 바꿔 보기로 생각했다. 학부모들이 나를 알아봐 주지 않으니, 내가 변해서 한번 상황을 뒤집어 보자는 생각이었다. 그렇게 해서 당시 〈어벤져스〉라는 영화가 유행한 틈을 타서 내 얼굴에 타노스의 몸을 합성한 학원 광고 부채를 만들었다. 학생들이 하교하는 시간에 맞춰 학교 근처에서 부채를 나눠 주고 그 결과를 기다렸다. 이번에는 기대 이상이었다. 한마디로 대박이 난 것이다. 15명으로 반 토막 났던 학생들은 다시 늘어서 무려 70명에 이르렀다.

학원을 오래 운영해 오신 원장님들일수록 마케팅에 대한 거부감은 꽤나 많다. '마케팅'의 '마' 자만 꺼내도 벌써 표정이 바로 바뀌곤 한다. 마치 자신이 제대로 강의를 하지 못해 마케팅을 배우라고 말하는 것인 양 자존심 상해 하시는 것 같다. 심지어 "학원은 잘 가르치기만 해도 알아서 소문이 난다"고 굳건하게 믿는 경우도 흔하다.

하지만 지난 10년간 미친 듯이 아이들을 가르쳐 보고, 이후 4년간 마케팅으로 학원을 급성장시킨 나로서는 그 모든 것들을 마케팅에 대한 오해라고 여긴다. 마케팅은 원장님이 못 가르쳐서가 아니라 잘 가르치기 때문에 필요한 것이고, 더 나아가 잘 가르친다고 해서 저절로 소문이 나지 않기 때문에 필요한 것이다. 이 모든 것을 종합해 보자면, 마케팅을 중요하게 생각하지 않는 원장님들은 마인드나 개념이 아직 확실히 서지 않았고, 그러니 필요성을 느끼지 못한다고 봐야만 한다.

변한 것은 마케팅뿐

마케팅에 대한 첫 번째 오해는 '제대로 강의를 하지 못하니까 마케팅이나 하는 것 아니겠어?'라는 점이다. 하지만 이것이 절대 그렇지 않다는 것은 몸소 경험할 수 있었다.

내가 처음 마케팅의 필요성과 그 엄청난 힘을 느꼈던 때는 약 30명 정도를 가르칠 때였다. 그때는 부모님 집에서 공부방을 하는 시기였으니, 그 좁은 공간에서는 더 이상 학생들을 수용하기가 힘들었다. 그래서 결국 보증금 500만 원에 월세 50만 원 정도가 되는 투룸을 마련했다. 그렇게 하면 학생들을 더 많이 받아서 한 50명 정도로 늘 것으로 기대했다. 충분히 경험도 쌓았고, 좀 더 넓은 공간으로 갔으니 학부모님도 호응을 잘해 주고 입소문도 더 잘 나서 한 50명 정도까지는 기대를 했다. 더군다나 그러한 기대가 간절했던 이유는 당시 30명 정도를 가르쳤다고 하지만 매출이 채 500만 원도 나오질 않았기 때문이다. 정상적인 경우라면 800~1,000만 원 정도가 나와야 한다. 하지만 그런 매출에 미치지 못했던 이유는 한 달에 10만 원 정도만 받는 학생들도 꽤 있었기 때문이다. 그때는 당장 학생 수를 늘리는 것에 급급했고 당장 10만 원도 아쉬울 때였다.

그러다 보니 약간 자괴감도 들었다. 왠지 내가 가르치는 아이들 대부분은 학습의 기초도 잘 잡혀 있지 않고, 그러다 보니 다른 학원에서 받아 주지 않는 아이들만 모아 놓은 삼류 공부방 느낌이 난다고 할까? 한마디로 아이들 가르치느라 고생은 하지만, 돈은 기대만큼 못 벌고 선생님으로서의 자부심도 느끼기 힘들었다. 하지만 투룸으로 옮기면서 새로운 희망을 꿈꿨다. 좀 더 그럴듯한 모양새를 갖추면 학생도 많아지고, 학원비도 제대로 받을 수 있을 것이라 기대했기 때문이다.

그런데 나의 이런 희망은 얼마 가지 않아 산산조각 나고 말았다. 이사를 간 뒤에, 30명이었던 학생이 오히려 반 토막이 되어 15명이 되는 것이 아닌가? 도대체 이게 무슨 상황인가 싶었다. 자신의 기대와는 정반대가 되는 일도 그리 흔치는 않기 때문이다. 그러니 월세 50만 원은 더욱 부담이 됐다.

결국 나는 방법을 바꿔 보기로 생각했다. 학부모들이 나를 알아봐 주지 않으니, 내가 변해서 한번 상황을 뒤집어 보자는 생각이었다. 그렇게 해서 당시 〈어벤져스〉라는 영화가 유행한 틈을 타서 내 얼굴에 타노스의 몸을 합성한 학원 광고 부채를 만들었다. 학생들이 하교하는 시간에 맞춰 학교 근처에서 부채를 나눠 주고 그 결과를 기다렸다. 이번에는 기대 이상이었다. 한마디로 대박이 난 것이다. 15명으로 반 토막 났던 학생들은 다시 늘어서 무려 70명에 이르렀다. 학생들이 스스로 찾아온 것이니 학원비를 저렴하게 해 줄 필요도 없었다. 매출 역시 순식간에 1,500만 원이 넘어서기 시작했다. 나는 그때 생각했다.

"아, 마케팅의 힘이라는 것이 이렇게 엄청난 것이구나……"

부모님 집에서 가르칠 때나, 투룸을 얻어서 가르칠 때나 사실 나 자체는 변한 것이 없었다. 티칭 실력이 하루아침에 변할 리가 없고, 교육에 대한 열정도 그대로였다. 딱 하나 변한 것은 바로 마케팅을 했다는 것뿐이었다.

복잡하고 시끄러운 세상

마케팅은 아이들을 제대로 가르치지 못하는 실력 없는 강사가 그 부족함을 메우기 위한 활동이 결코 아니다. 만약 그런 상태에서 마케팅을 하겠다면 나는 "차라리 실력을 키운 다음에 마케팅을 하세요"라고 말한다. 왜냐하면 설사 마케팅으로 학생이 늘었다고 하더라도 곧 실력이 탄로 날 뿐이고, 결국 또다시 수직 하락을 경험할 수밖에 없다. 더군다나 '내가 가 봤는데, 그 선생님 정말 못 가르쳐'라는 소문까지 나면 그때부터 회복하기가 쉽지 않다. 그러니 실력이 부족한 상태라면 차라리 마케팅을 하지 않는 것이 오히려 더 현명한 방법이다.

학원 운영에 대한 또 하나의 큰 착각은 '나만 잘 가르치면 아이들이나 학부모들이 알아서 입소문을 내 주겠지'라고 하는 것이다. 어떻게 보면 이는 매우 순진한 생각일 뿐이다. 물론 나 역시도 처음에는 그런 믿음을 가지고 있었다. 그런데 사실 순수하게 입소문을 듣고 학원생이 느는 경우는 극히 일부이고, 거의 없다시피 했다. 그래서 나는 왜 그런지를 곰곰이 생각해 본 적이 있다. 나의 입장이 아닌, 학생과 학부모의 마음으로 빙의를 해 보았다.

예를 들어 A 어머니가 자녀를 보냈는데, 학원이 너무 잘 가르쳐서 수학 성적이 올랐다고 해 보자. 그러면 그걸 막 입소문을 낼까? 아니면 내 아이만 수학 성적이 쭉쭉 오르도록 오히려 입소문을 내지 않을까? 어차피 A 어머니가 잘 알고 친한 B, C, D 어머니는 같은 반이나 같은 학교의 어머니일 가능성이 높다. 좀 가혹하게 말하면 모두가 다 경쟁자인 셈이다. 그러니 이렇게 생각할 수밖에 없다.

'B, C, D의 아이들이 내 자녀와 같은 학원에 다니면 그 학생들도 성적이 오를 텐데… 그러면 내 아이의 성적이 상대적으로 낮아지는 거 아냐?'

학생의 입장에서도 마찬가지다. 학원의 지도 아래 뜻하지 않게 수학 성적이 올라 무척 기쁘다고 해 보자. 하지만 친구에게 말하고 싶어도 꾹 참을 가능성이 높다. 아무리 친해도 결국 한 반에서는 경쟁자일 뿐이다. 그때 나는 무릎을 칠 수 있었다.

'성적이 오르는 학생일수록, 성적이 오른 자녀를 둔 학부모일수록 오히려 입소문을 내지 않는다!'

결국 원장님들은 '나만 잘 가르치면 아이들이나 학부모들이 알아서 입소문을 내 주겠지'라는 허황된 믿음은 모두 던져 버리고, 자기 스스로를 입소문을 내기 위한 마케팅에 적극 뛰어들어야만 한다. 그래야 사람들이 알아봐 주고, 찾아와서 학원을 등록하게 된다.

세상에서 가장 뛰어난 혁신가 중의 한 명이라고 할 수 있는 애플의 스티브 잡스 역시 이런 부분에 대해서 매우 깊이 있는 통찰을 한 사람이다. 그는 생전에 사내 회의에서 직원들에게 이런 말을 한 적이 있다.

"저에게 마케팅은 가치에 관한 것입니다. 이 세상은 매우 복잡하고 시끄러운 곳입니다. 사람들에게 우리에 대해 많은 것을 기억하게 할 기회는 거의 없을 것입니다. 어떤 회사도 마찬가지죠. 그래서 우리는 사람들이 우리에 대해 무엇을 알기를 원하는지 아주 명확히 해야 합니다."

언제까지나 '알아서 입소문이 나겠지'라는 순진한 믿음만 가진 채 스스로 자신을 알리려는 노력을 하지 않는 한, 학원은 성장하기가 불가능하고 원장님의 자리는 늘 '제자리'일 뿐이다.

비탈길을 힘차게 굴러가는 바위처럼

사실 나는 마케팅이라는 것을 아주 복잡하거나 어려운 것이라고 생각하지는 않는다. 물론 그 기법에는 매우 다양한 것들이 있겠지만, 그 본질은 매우 간단하다. 바로 겉모습과 포장지를 바꾸는 일이다. 이러한 일은 지금 비즈니스 업계에도 매우 흔한 일이다.

우리나라에는 수없이 많은 화장품 제조사들이 있다. 전통적으로 대기업에서 운영하는 화장품 브랜드에서 대형 브랜드, 중견 브랜드, 소규모의 인디 브랜드까지 합치면 수만 군데에 이른다. 그런데 놀랍게도 그들의 화장품을 실제로 제조하는 회사들은 한국콜마, 코스맥스, 코스메카코리아 등 3개 기업에 집중된다. 개별 화장품 회사들은 제품 콘셉트를 잡고, 용기를 만들고, 포장지를 따로 만들어 마케팅할 뿐이다. 고객들은 자신들이 독특한 화장품을 사용한다고 믿고 싶겠지만, 사실 겉모습만 다를 뿐 거기서 거기일 뿐이다.

생수 시장도 마찬가지다. 우리나라에 생수 브랜드는 300여 개나 된다고 한다. 하지만 여기에서도 실제 물을 길어 올릴 수 있는 취수원을 가진 회사는 몇 개 되지 않는다. 그곳에서 다른 모든 브랜드에 비슷한 수질의 물을 공급한다. 소비자는 자신이 선택한 매우 만족할 만한 물을 먹는다고 생각할지 모르겠지만, 역시 다 거기서 거기라는 이야기다. 단지 각 브랜드의 마케팅 방법이 다를 뿐이다.

다만 그렇다고 해서 학원 마케팅을 '그럴듯하게 포장해서 속여서 팔아먹는 기술'이라고 볼 필요는 없다. 사실 마케팅은 최초에 소비자가 제품이나 서비스를 선택하는 것에는 도움이 되지만, 그것에 만족하지 못하면 곧 떠나게 된다. 따라서 마케팅의 효과를 장기적이고 지속적으로 이어가기 위해서는 치열하게 제품의 질을 더욱 높일 수밖에 없다. 학원 마케팅도 마찬가지다. 첫 달에 아이가 학원을 등록한다고 하더라도 다음 달에 그만두면 아무런 의미도 없다. 따라서 마케팅을 통해서 많은 학생이 등록했다면, 그때부터 원장님과 강사들은 2배, 3배 많은 책임감을 가지고 열정과 성의를 다해야만 한다.

그런 점에서 마케팅은 결국 학원의 성장을 위한 최초의 엔진을 마련하는 일이며, 미래의 도약을 위한 성공의 습관을 기르는 일이라고 할 수 있다. 그리고 이렇게 '마케팅-더 많은 노력과 열정'이라는 선순환의 공식이 마련되고 계속 이어진다면 학원은 마치 비탈길을 힘차게 굴러가는 바위처럼, 스스로 가속도를 붙이며 앞으로 나아갈 수 있을 것이다.

'감동-이해-희망'으로 이어지는 블로그 글의 3대 키워드

원장님에 대한 이야기는 그 자체로 강력한 차별화 포인트이다. 그러니 그 모든 이야기들이 흥미로운 에피소드이며 그 각각이 하나의 차별화되는 드라마다. 이러한 원장님 자체에 대한 이야기들은 사실 학부모를 원장님의 '찐팬'으로 만드는 과정이다. 원장님의 속 이야기에 감동하게 되면 그때부터는 학원비가 그렇게 부담이 되지 않는다. 마치 팬들이 아이돌 굿즈를 구매할 때 그 비용에 크게 개의치 않는 것과 비슷하다.

학원 마케팅을 해보지 않은 원장님들이라면 초기에 무엇부터, 어떻게 마케팅을 해야 할지 막막할 수 있다. 하지만 그다지 어렵게 생각할 필요는 전혀 없다. 누구나 아는 네이버 블로그, 인스타와 쇼츠, 전단지, 현수막 정도면 충분히 전개할 수 있다.

여러 채널 중에서도 '탑 오브 탑'은 단연 블로그이다. 모든 마케팅의 중심에는 블로그가 있고, 나머지 인스타 및 쇼츠, 전단지, 현수막은 모두 블로그로 사람들을 유입하기 위한 도구라고 보면 된다. 결국 할 수 있는 모든 채널을 동원하지만, 최종적인 승부수는 블로그에서 낸다고 생각하면 된다. 일단 중요한 점은 '그럼 왜 블로그인가?'라는 점을 먼저 알아야만 한다. 블로그는 다른 매체가 만들어내는 콘텐츠에 비하면 비교적 롱폼Long Form이다. 그러니 쇼츠에 익숙한 요즘 사람들이 별로 관심을 기울이지 않을 것이라고 생각하기도 한다.

하지만 학원이라는 특성상 쇼폼보다는 롱폼이 훨씬 유리하다. 왜냐하면 사람들은 큰돈을 쓰는 일에는 신중해지고, 신중한 만큼 그에 관한 많은 정보를 가지고 판단하기를 원한다. 하지만 그렇게 하기에 숏폼은 관심을 끌기에는 적절할 수 있지만, 그것을 설득으로까지 이끌어가기에는 현저하게 부족하다.

큰 돈을 쓰기 위해 필요한 롱폼 콘텐츠

성형 수술을 하려는 사람이 있다고 해보자. 간단한 수술이라고 하더라도 최소한 수백만 원의 비용이 들어간다. 설사 경제적 여유가 있는 사람이라고 하더라도 그런 돈을 쓰는 데 있어서 함부로 결정하지는 않는다. 어떤 수술 과정을 거치는지, 어떻게 진행되는지, 그리고 자신은 어떻게 변할 수 있는지를 꼼꼼히 따지려고 하고, 그러려면 다량의 정보가 필요하다. 결코 30초도 되지 않는 숏폼 몇 개를 보고 결정하지는 않는다는 점이다.

학원도 마찬가지다. 한 달에 20~30만 원 정도라고 하지만, 한번 학원을 정하면 바꾸기가 쉽지 않다. 자녀가 자주 학원을 옮긴다고 생각하면 적응을 잘 하지 못할 것이라고 여긴다. 그렇다면 최소 1년 정도는 다녀야 하는데, 그렇게 따지면 240만 원~360만 원이라는 적지 않은 돈이 들어간다. 만약 3년 정도만 꾸준하게 다닌다고 하더라도 최소 800만 원에서 1,000만 원이 넘는 큰 금액이다. 그러니 마찬가지로 숏폼 몇 개 훑어보고 학원을 결정할 수는 없다. 흔히 학원은 여러 서비스 중에서도 '고관여 서비스'로 분류된다. 선택하기 이전에 매우 신중하게 정보를 탐색한다는 이야기다. 그러니 이러한 서비스의 성격에서 바라보아도 블로그와 같은 롱폼 콘텐츠가 제격이 아닐 수 없다.

또 어떤 분들은 "요즘에는 인공지능을 이용하는 학부모도 많아서, 블로그를 보기보다는 그냥 인공지능에게 물어보지 않을까요?"라고 말한다. 한국은 전 세계에서도 인공지능을 매우 많이 사용하는 나라지만, 한국인은 유독 검증을 많이 하는 사람들이라는 것이 조사 결과

드러나기도 한다. 인공지능의 환각을 우려한 나머지 꽤 많은 사람이 교차 검증을 한다. 실제 정보의 원천을 직접 찾아가 확인해보는 경우가 흔하다는 이야기다. 이때 블로그는 인공지능을 넘어서는 매우 확실하고 신뢰성 있는 정보를 제공한다. 따라서 학원의 블로그 마케팅과 인공지능은 차라리 보완 관계라고 보는 것이 훨씬 정확하다.

더구나 최근에는 네이버 자체에서도 필터링 시스템을 운영하고 있다. 단순히 키워드를 반복하거나 무의미한 정보가 나열되는 글을 걸러낸다. 그런 점에서 정성스럽게 운영하는 학원 블로그는 그 어디에도 견줄 수 없는 학원만의 강력한 마케팅 무기가 된다고 볼 수 있다.

감동, 신뢰 그리고 찐팬이 되는 과정

그렇다면 이제 중요한 것은 '블로그에 어떤 글을 써야 하나?'라는 점이다. 그 카테고리는 여러 가지이지만, 일단 '학원에 와보지 않아도 학원의 모든 것을 알 수 있도록 써야 한다'라는 점을 염두에 두면 된다. 일단 학부모들이 학원에 대해서 알고 싶은 것이 무엇일까? 가장 먼저 원장님은 어떤 사람인지 알고 싶어 한다. 어느 대학을 나왔는지, 어떻게 가르치는지 알고 싶어 한다. 그리고 학원이 어떻게 운영되는

지도 궁금해한다. 그리고 실제 이곳을 다닌 아이들이 어느 정도 성적 향상이 되는지도 무척 궁금할 수밖에 없다.

결국 마케팅을 위한 블로그 글은 다음의 3가지 카테고리가 있다고 보면 된다. ▲원장님 속 이야기 ▲시스템 글 ▲성적 향상 글이다. 이러한 글들은 각각 '감동, 이해, 희망'이라는 키워드에 맞춰져 있으며, 학원 등록을 유도하는 핵심적인 장치가 되어준다고 볼 수 있다.

우선 '원장님 속 이야기'부터 살펴보자. 이는 말 그대로 원장님의 모든 것을 스토리텔링 하는 것이다. 어떤 커리어를 가지고 있는지, 왜 학원을 운영하는지, 어떻게 처음 운영을 하게 됐는지, 언제 오픈했는지 등 그간의 속사정을 하나하나 털어놓아야 한다. 예를 들어 '저의 첫 제자는 10년 전에 만났습니다'로 시작되는 회고와 거기에서 얻었던 교육자로서의 보람도 원장님의 속마음을 보여주는 훌륭한 글이다. '저도 중3 아이를 키우는 엄마랍니다'와 같은 가정 이야기도 도움이 된다. 이 글을 보는 학부모들은 '아, 나와 같은 입장이구나. 그럼 우리 아이를 훨씬 잘 이해하겠는데?'라며 공감하고 신뢰할 수 있다. 과거의 힘들고 어려웠던 이야기들도 매우 좋다. 예를 들어 처음 강사를 시작했을 때 곤란했던 점, 혹은 학원이 위기에 몰렸을 때의 이야기 등이다. 중요한 점은 '이제는 그 모든 걸 극복하고 지금처럼 더 많은 아이들과 행복하게 공부하고 있어요'라고 끝맺으면 이는 그 자체로 학부모들이 감동하는 이야기다. '와, 이 선생님은 정말 의지도 강하고, 좌절도 하지 않으면서 꿋꿋하게 살아왔구나!'라고 느끼기 때문이다.

더구나 앞에서도 이야기했듯, 이러한 원장님에 대한 이야기는 그 자체로 강력한 차별화 포인트이다. 이 세상에서 비슷한 경험을 한 사람은 많아도, 100% 똑같은 경험을 한 사람은 없다. 그러니 그 모든 이야기들이 흥미로운 에피소드이며 그 각각이 하나의 차별화되는 드라마다. 이러한 원장님 자체에 대한 이야기들은 사실 학부모를 원장님의 '찐팬'으로 만드는 과정이다. 원장님의 속 이야기에 감동하게 되면 그때부터는 학원비가 그렇게 부담이 되지 않는다. 마치 팬들이 아이돌 굿즈를 구매할 때 그 비용에 크게 개의치 않는 것과 비슷하다.

비포와 애프터 확실히 해야

두 번째의 '시스템 글'은 학부모에게 '이해'를 주는 단계이다. 학원에 대한 모든 정보를 주어 속을 시원하게 만들어주는 글의 종류라고 보면 된다. 처음 특정 학원에 대해 궁금해하는 학부모에게 그 학원은 안개에 싸인 존재라고 봐야 한다. 어떻게 가르치는지, 어떤 교재로 가르치는지, 운영 시간은 어떻게 되는지, 학원비는 얼마인지 알고 싶은 것 투성이다. 물론 상담을 가서 일일이 물어볼 수도 있겠지만, 요즘 학부모들은 온라인에서 먼저 이러한 내용을 습득하고 싶어 한다. 따라서 학원의 시스템에 대한 모든 글을 게재하고, 사진, 영상을 통해서 학원 내부, 강의 모습 등등을 보여주면 학부모들은 '아하~. 이렇게 운영되는구나'라며 속이 시원해지게 된다. 따라서 학원의 모든 시스템에 대해서 정보를 공개한다는 심정으로 하나하나 목록을 정해서 글을 쓰면 된다. 심지어 환불과 같은 내용까지 세세하게 알려주면 학원 원장님의 디테일에 감탄할 수 있다.

세 번째인 '성적 향상 글'은 학부모에게 '희망'을 보여주는 단계라고 보면 된다. 결국 가장 궁금해하는 것은 자신의 자녀가 학원에 등록 후 어떻게 변하는지를 알아야 하기 때문이다. 물론 이러한 글이 필요하다는 사실은 대부분의 원장님이 상식적으로 알고 있을 것이다. 하지만 중요한 것은 이러한 글을 어떻게 쓰느냐는 점이다. 예를 들어 '성적 향상 전문'이라든가, '내신 완벽 대비', '마지막 기회'와 같은 내용들은 매우 진부하게 느껴지고, 학부모의 관심을 끌지 못한다. 따라서 가장 중요한 것은 비포Before와 애프터After를 명확하게 보여주는 글이며, 학생이 자신의 약점을 극복하고 인간 승리를 성취하는 가슴을 울리는 내용이 되어야 한다.

비포 부분에서는 아이의 성적, 학습 태도가 저조했던 과거의 모습을 알려주고 이후에 어떻게 행동이 교정되는지를 알려준다. '1년간 60점에서 맴돌던 수학 성적이 85점으로 올랐다'라든가 'ADHD로 수업에 진중하지 못하던 아이가 2시간째 요지부동 수업에 집중 중', '주말에 하루 10시간씩 롤하던 학생, 6개월 뒤 1등급이 되었습니다'와 같은 내용이다. 아이의 문제점을 지적하고 그것이 어떤 각고의 노력과 방법으로 해결되었는지를 보여주는 내용이다. 학부모들은 이런 내용을 보면서 '희망'을 발견하게 된다.

문제는 실행이다

또한 학부모의 입장에서 쓰는 글도 마음을 훔치기에는 제격이다. 예를 들어 '우리 아이가 내성적인 아이인데 이 학원 보내도 될까요?', '학원은 열심히 다니는데 성적은 제자리걸음이네요. 원인이 뭘까요?'라는 제목의 글이다. 만약 이와 비슷한 고민을 안고 있던 학부모라면 저격률은 100%에 가깝다고 봐도 무방하다.

그렇다면 이러한 블로그 글은 어느 정도 주기로 쓰는 것이 좋을까. 제일 좋은 것은 '1일 1블로그'라고 할 수 있다. 하루에 하나씩만 올려도 한 달에 30여 개가 되고, 이 정도 양으로 4~5개월 정도만 해도 우리 동네 학원 블로그 검색 시 상위에 랭크될 수 있다. 하지만 수업을 진행하느라, 또 경영에 신경 쓰느라 매일 하나씩 쓰는 것은 힘들 수 있다. 그럼에도 이틀에 하나 정도는 반드시 쓴다고 생각해서 최소한 일주일에 3개 정도는 맞출 필요가 있다.

하지만 아무리 좋은 방법이 있다고 한들, 실행을 하지 않으면 아무런 소용도 없다. 또 처음 하다 보면 일주일에 3~4개도 부담이 될 수 있다. 거기다가 이제까지 글을 전문적으로 써본 경험이 없다면 하얀 모니터만 보면서 고민만 깊어진다. 실제 우리 학원의 직원들도 글 하나 쓸 때 3~4시간이 걸리는 경우도 있다. 하지만 이러한 과정을 거치지 않으면 마케팅을 통한 성장은 불가능하고 학원 경영은 언제 시작될 수 있을지 모르는 먼 이야기일 뿐이다. 이제까지의 내용을 중심으로 일단 쓰고, 일단 올리고, 계속해서 반복하는 실행력을 갖추어야만 한다.

뾰족하게 찔러야
뼛속까지 아프다

아무리 잘사는 동네라고 하더라도 공부 습관이 잡히지 않은 학생들은 수두룩하고, 잘사는 학부모들은 그런 자녀를 더욱 골치 아파하는 법이다. 여기에서 '범어동 금쪽이'라는 카피가 바로 학부모의 마음을 바늘처럼 콕콕 찔렀다. 그 결과 최소 40여 명 이상의 학생들이 늘어났고, 그로 인한 월 매출만 1,500만 원 이상이 뛰었다.

마케팅 격언 중에 이런 말이 있다.

"모두를 위한 마케팅은 그 누구를 위한 마케팅도 아니다."

이 말은 곧 타겟이 너무 넓고 흐릿할수록 메시지의 파괴력은 급격히 줄어든다는 뜻이다. 예를 들어 10대부터 70대까지, 남녀노소 모두의 고개를 끄덕이게 할 마케팅 방법이 세상에 존재할까? 단언컨대 그런 마법 같은 전략은 있을 리가 없다. 각 세대가 지향하는 욕구나 결핍은 제각각이기 때문이다.

　그렇다면 범위를 좁혀서 '20대를 위한 마케팅'이라면 승산이 있을까? 이 역시 마찬가지다. 21살도 '20대'고 29살도 '20대'다. 하지만 실제 21살과 29살 역시 생각의 차이가 엄청나게 크다. 그런 점에서 마케팅을 하는 데 있어서 매우 정확한 타겟과 실제로 숨어있는 정확한 수요를 찾아내고 그곳을 강렬하게 때려야만 한다. 결국 마케팅의 칼끝은 뾰족하면 뾰족할수록 좋고, 그럴수록 더 강렬한 효과를 가져올 수 있다. 그리고 이러한 뾰족한 마케팅 방법은 소규모 학원을 운영하는 학원 원장님들에게 큰 도움이 된다.

　대형 학원은 막대한 자금을 쏟아부어 대대적인 마케팅을 한다. 마치 근육으로 무장한 마동석이 날리는 핵펀치와 비슷하다. 하지만 소규모 원장님이라면 그럴 힘도, 자본도 없다. 하지만 뾰족한 바늘이 있다면 이야기는 달라진다. 더구나 그 바늘은 아무리 가볍고 작아도 상관이 없다. 단 한 번을 찌르더라도 뼛속까지 아프게 할 수 있고, 자주 여러 번 찌르면 정신을 혼미하게 할 수 있기 때문이다.

차별화된 타겟팅

나는 과거에 나름대로 날을 세운 뾰족한 마케팅을 하고 있다고 자부했다. 하지만 시간이 흘러 가만히 들여다보니, 그것은 그저 뭉툭한 몽둥이에 불과했다. 당시 내가 내세웠던 키워드들은 '최상위권 학생 전담', '고3 입시 전문', '압도적 선행학습' 같은 것들이었다. 타겟을 좁혔으니 차별화가 될 것이라 굳게 믿었지만, 실상은 정반대였다. 이미 그런 마케팅을 하는 큰 학원들이 많았고, 내가 뒤늦게 진입하기에는 한계가 있었다. 결국 나는 정반대의 방법으로 더 좁지만, 더 수요가 많은 타겟과 마케팅 방법을 고민하게 됐다. 그렇게 해서 찾아낸 것이 바로 '공부 습관이 안 잡힌 아이들'이었다.

실제 많은 학부모와 상담을 해보아도 '성적을 엄청나게 올려주세요'라는 수요보다는 '제발 공부 습관 좀 잡히게 해주세요'라는 부모들이 훨씬 더 많았다. 결국 그때까지의 나는 원장의 마인드로만 학생을 바라보았지, 정작 아이의 모습을 보며 가슴 답답해하는 부모의 마인드에서 학생들을 바라보지 못했던 것이다. 그때부터 나는 '잘하는 학생을 더 잘하게 만드는 원장'이 아니라 '못하는 학생을 조금이라도 잘하게 하는 원장'으로의 정체성을 가지기 시작했고, 마케팅도 그쪽으로 방향을 틀었다. 중요한 것은 이러한 뾰족한 마케팅일수록 매우 강렬한 카피라이팅이 결합되어야 한다는 점이다. 예를 들어 '공부 습관 안 잡힌 학생을 모두 저에게 보내세요'와 같은 평범한 카피로는 눈길을 끌 수가 없다. 그래서 내가 활용한 것이 바로 '금쪽이'라는 단어였다.

대구 수성구 범어동에 학원을 열었을 때였다. 수성구는 대구에서도 가장 잘사는 사람들이 많은 곳이다. 서울로 따지면 강남구와 같다. 사람들의 스타일, 생각법이 대구의 다른 지역과는 완전히 다르다고 해도 과언이 아니다. 그곳에는 강남 못지않은 엄청난 학원들이 몰려 있었는데, 모두들 '최상위권 학생', 'SKY 전문' 등을 내세우고 있었다. 그때 나는 이런 차별화된 카피를 통해서 마케팅을 시작했다.

'범어동 금쪽이들, 컨트롤 학원이 살려드립니다!'
'범어동 금쪽이라면 컨트롤 학원으로 오세요!'

아무리 잘사는 동네라고 하더라도 공부 습관이 잡히지 않은 학생들은 수두룩하고, 잘사는 학부모들은 그런 자녀를 더욱 골치 아파하는 법이다. 여기에서 '범어동 금쪽이'라는 카피가 바로 학부모의 마음을 바늘처럼 콕콕 찔렀다. 그 결과 최소 40여 명 이상의 학생들이 늘어났고, 그로 인한 월 매출만 1,500만 원 이상이 뛰었다.

말 못 하는 학부모의 고민 끌어내기

뾰족한 마케팅과 카피라이팅의 위력적인 힘을 경험한 나는 그 이후에도 다양한 시도를 했다. 그중에 또 한 번 강렬한 반응을 끌어낸 것이 바로 이 카피였다.

'딱 한 번뿐인 중3 겨울방학, 피방, 올영, 코노 가는 순간 망합니다.'

청소년들이 일상적으로 쓰는 '피씨방, 올리브영, 코인 노래방'의 은어를 그대로 활용하면서, 학부모의 머릿속에 꽂히도록 했다. 학생들이 흔히 쓰는 줄임말을 썼기 때문에 더 현실적이고 생생하게 느꼈다고 본다. 역시 이 카피를 보고 학원을 찾은 학부모들이 꽤나 많았다. 아마도 이번에도 어머니의 마음을 정확히 바늘로 찌른 덕분이었을 것이다.

사실 방학이 시작되는 순간, 학부모의 머릿속에는 온갖 걱정이 쏟아지기 시작한다. 아, 애가 피씨방에 죽치고 앉아 있으면 어쩌지?, 맨날 올리브영 들락거리면 용돈이 한두 푼이 아닌데, 스트레스 푼답시고 코인 노래방에 자주 가면 나만 스트레스 쌓이겠는데 등이다. 마음 속에만 품고 있는 불안감을 한 학원 원장이 전면적으로 드러내자, 학부모들은 '그래, 이 학원에 보내면 아이들의 방학 공부 습관을 잡아줄 거야!'라고 확신하게 된 것 같다.

하지만 나는 파격적인 카피만 내세우는 게 전부는 아니다. 실제로 공부 습관이 잡히지 않은 학생, 늘 놀 궁리만 하는 아이들을 더 열정적으로, 더 디테일하게 살펴줬다. 왜 공부를 하지 않게 되었는지, 어떤 생활 패턴을 가지고 있는지를 세심하게 대화하고 관찰한다. 그리고 그런 내용을 학부모에게 자세히 설명해서 보고서로 만들어서 주고, 그에 대한 학원에서의 대책, 가정에서의 대책까지 함께 수록해 작성했다. 그러자 역시 학부모들은 학원에 대해 더 강하게 신뢰했다.

카피라이팅이 성공한 사례가 하나 더 있다. 한 번은 전단지를 기획하면서 다소 충격적인 카피가 필요하겠다고 생각했다. 대부분의 사람들은 전단지를 받는 순간 내용을 읽어볼 생각도 없이 이미 쓰레기로 취급해버리기 때문이다. 사실 나조차도 전단지를 잘 보지 않는다. 그러니 단 한 줄로 눈길을 사로잡지 못하면 전단지를 만든 의미 자체가 사라진다고 여겼다. 그래서 완전히 역발상으로 이렇게 적었다.

'저희 컨트롤 학원은 수학을 진짜 못 가르칩니다!'
모든 광고 카피는 '나 잘해요'라는 방향으로 만들어진다. 그러니 대놓고 '나 못해요'라는 방식으로 카피를 쓰지는 않는다. 하지만 이러한 파격과 의외성이 오히려 눈길을 끌 수 있다. 서브 카피에서 그 이유를 밝혔는데, 대기 학생이 너무 많아 더 이상 자리가 없어서 못 가르친다는 내용이었다. '못 가르친다'는 말이 사실은 '너무 잘 가르쳐서 자리가 없다'는 역설적인 내용이다. 나중에 학부모들에게 들어보니 이 전단지가 유독 눈길을 끌었다고 했다. 뻔한 자랑보다 뻔뻔한 역설이 오히려 더 먹혔다고나 할까?

누군가는 나의 이러한 카피라이팅을 두고 "너무 어그로를 끌려는 것 아니냐"고 말할 수도 있다. 사실 틀린 말은 아니다. 하지만 나는 거의 모든 마케팅과 카피는 본질적으로 어그로적인 성격을 띤다고 본다. 사람의 시선을 끌지도 못하고 감정도 자극하지 못하면 그게 마케팅이고, 카피라고 할 수 있을까? 다만 너무 과도한 얄팍한 잔머리 수준의 자극이라면 오히려 역효과를 낳을 수 있다. 하지만 실제 현실을 반영하고 있고, 그 안에 진정성이 담겨 있다면 크게 문제될 것은 없다고 본다.

이러한 뾰족한 바늘 같은 마케팅과 카피는 학원 성장의 불꽃에 기름을 붓는 역할을 한다. 잘만 활용하면 '와, 이런 것도 가능하구나'라는 탄성을 자아내게 만든다. 다만 그렇게 하기 위해서는 우리 동네의 학원 분위기, 학생들의 성향, 학부모들이 무엇을 걱정하고 무엇에 반응하는지를 철저히 분석한 뒤, 그 위에서 자신만의 방법을 만들어내야 한다.

마케팅과 카피는 조사, 가설, 검증의 연속

내가 마케팅과 카피에 '어그로' 성질이 있다고 해서, 그것들이 그냥 쉽게 쉽게 만들어진다고 생각해서는 안 된다. 정말로 사람의 눈길과 관심을 잡아채는 어그로일수록 현실적인 조사가 있어야 하고, 스스로 가설을 세워보고 검증을 하는 고된 작업을 거쳐야만 한다.

앞에서 했던 '딱 한 번뿐인 중3 겨울방학, 피방, 올영, 코노 가는 순간 망합니다'라는 카피는 순전히 나의 머릿속에서 나온 것이 아니었다. 물론 학생들이 그런 곳에 가는 것은 알았지만, 방학 때에 집중적으로 간다는 사실을 미처 생각하지 못했고, 그것이 학부모의 '방학 고민'이 된다는 사실도 몰랐다. 하지만 여러 강사들과 일부러 겨울방학에 대한 이야기를 하면서 학생들의 생활에 대해 물어보았고, 그것이 학부모의 걱정이 될 수 있었다는 사실을 깨달았다. 만약 내가 이러한 사실을 알기 위해 대화하고 조사하지 않았다면 그 카피는 탄생하지 못했을 것이다.

거기다가 나는 마케팅 방법을 새롭게 구상하거나 카피를 구상할 때 일단 '가설'이라는 것을 세운다. 내가 학생도 아니고, 학부모도 아니지만 과연 그들의 입장이라면 공부나 생활을 할 때 뭐가 답답할까, 어떤 문제점에서 벗어나고 싶어 할까를 상상하면서 나름의 가설을 세우는 것이다.

북미 지역의 원주민 격언 중에 이런 말이 있다고 한다.

"그 사람의 사슴 가죽 신발을 신고 1마일을 걸어보기 전까지는 그 사람을 비판하지 마라."

결국 철저히 상대방의 입장이 되어봐야 비로소 상대방을 이해할 수 있다는 의미이다. 내가 마케팅 가설을 세우는 과정도 비슷했다. 내 기준이 아니라 그들의 시선으로 세상을 바라보려는 시도가 바로 마케팅 가설의 출발점이 된다. 그리고 이러한 문제를 해결해 줄 것 같은 그럴듯한 카피를 쓴다. 그런 후 블로그나 인스타에 일단 테스트를 해본다. 조회수가 높거나 하트가 많거나, 댓글이 많이 달리면 그건 내 가설이 증명된 것이고, 별로 반응이 없으면 내 가설이 그냥 내 머릿속의 가설에 불과했다는 이야기다.

그런데 이러한 가설-검증의 과정이 상당히 흥미진진하고 재미있었다. 아마도 나뿐만 아니라 많은 사람들이 그럴 것이다. 자신의 생각이 맞다는 게 증명되면 신나고, 그렇지 않으면 잠깐의 실패감을 느끼면서도 그런 도전 자체를 즐기게 된다. 지면 억울해서 다시 하고, 이기면 또 이기고 싶어서 하게 되는 게임과 비슷하다고 할까?

이런 일을 자주 하다 보면 누구라도 달인이 될 수 있다. 최근에도 나는 화장실에 앉아서 3~4개의 카피를 쓴 적이 있고, 그걸 그대로 인스타에 올린 경우도 있었다. 그간의 경험이 나름의 실력이 되었는지, 그 카피들은 모두 정확하게 들어맞았다.

마케팅과 카피의 영역도 결국은 훈련과 습관일 뿐이다. 너무 쉽게 생각할 필요는 없겠지만, 그렇다고 너무 어려운 분야라고 여길 필요도 없다. 훈련에 의해서 습관화되면 어떤 원장님이라도 도전하고, 성과를 낼 수 있을 것이다.

컨테이저스에서 배워보는
6가지 마케팅 기법

> 한 번은 이런 카피를 쓴 적이 있다.
> '이번 중간고사에서 금쪽이 21명을 살렸습니다.'
> 여기서 중요한 점은 '많이 살렸다'라거나 '금쪽이들의
> 성적이 올랐습니다'와 같은 막연한 말이 아니라는 것
> 이다. 구체적으로 21명이라는 숫자를 보여주는 것이
> 핵심이다. 바로 이러한 현실감이 많은 금쪽이 부모들
> 로 하여금 '우리 아이도 저기 보낼까?'라는 생각을 자연
> 스럽게 들게 한다. 21명이라는 숫자 속에 내 아이도 포
> 함될 수 있다는 기대감, 그것이 바로 밴드왜건 효과와
> 구체적인 숫자가 만나 만들어낸 마케팅의 힘이다.

내가 오늘날의 마케팅 기법을 익히게 된 과정에서 가장 중요한 역할을 했던 책은 미국 와튼 스쿨의 마케팅 최고 권위자가 지은 『컨테이저스 : 전략적 입소문』이다. 컨테이저스Contagious라는 말은 '전염성이 있는', '전염되는'이라는 의미이다. 이 책은 사회적으로 어떤 생각이나 행동이 사람들 사이에 급속하게 퍼져나가는 현상을 탐구하고, 그 원리를 바탕으로 마케팅의 차원에서 특정 상품과 서비스가 어떻게 폭

발적으로 팔려나가는지에 대한 연구를 했다.

나 역시 여기에 대한 궁금증이 많았다. '어떻게 하면 많은 학생을 모을 수 있을까?'를 고민하다 보니, 자연스럽게 이 책을 접하게 됐다. 다만, 지금부터 말하려는 것은 그 책의 내용을 그대로 옮기려는 것은 아니다. 왜냐하면 그 책에서는 학원 마케팅 같은 것은 다루지 않으며, 그저 비즈니스 전반을 대상으로 한다. 따라서 나는 그 책을 읽으면서 '이걸 어떻게 하면 학원에 적용하지?'라는 부분을 많이 생각했고, 또 현장에서 실천해왔다. 무엇보다 학원은 일반 기업이나 자영업과는 차원을 달리한다. '시험 성적'이라고 하는 인생의 매우 중요한 주제를 고민하는 특수한 고객을 대상으로 하고, 나아가 신뢰와 입소문도 매우 중요하게 작용하기 때문이다. 그런 점에서 『컨테이저스』는 원전보다는 그것을 어떻게 현실에 적용하는가가 더욱 중요하다. 따라서 지금부터 내가 전하려는 내용은 '컨테이저스 학원판'이라는 개념으로 이해하면 될 것이다.

소셜 화폐의 법칙 : 도파민 쏟아지는 소문을 내라

소셜 화폐는 사람과 사람 사이에서 마치 가치 있는 화폐처럼 오가는 신기한 정보를 의미한다. 예를 들어 "와, 그런 일이 있었어?", "완전 대박 소식인데?"와 같은 환호를 부르는 정보들이다. 중요한 점은 이러한 이야기를 들을 때 뇌에 도파민이 쏟아진다는 점이고, 자신도 이러한 이야기를 남들에게 전달하고자 하는 강력한 욕구를 느끼게 된다. 사람들이 흥미로운 정보를 타인과 공유하고 싶어 하는 것은 수다 떨기를 좋아해서가 아니라 뇌의 생물학적 반응에 의한 자연스러운 행동인 셈이다.

그런데 이런 도파민 가득한 소셜 화폐는 그저 진지하고, 엄격하고, 점잖은 이야기들에게서는 강하게 느끼지 못한다. 뭔가 외부에 잘 드러나지 않는 은밀한 이야기, 사람들이 잘 몰랐던 깜짝 놀랄 만한 이야기들인 경우가 대부분이다. 즉, 누구나 알고 있는 평범한 정보는 소셜 화폐로서의 가치를 갖기 어렵다. 내가 먼저 알고 있고 남들은 아직 모르는 정보, 혹은 쉽게 접하기 어려운 이야기일수록 그 정보를 전달하는 사람도, 전달받는 사람도 더 큰 쾌감을 느낀다. 결국 소셜 화폐의 핵심은 극소수만 아는 희소성과 예상치 못한 의외성에 있다고 볼 수 있다.

학원가에도 이런 소셜 화폐가 있다. 가장 대표적인 것이 바로 '원장썰' 혹은 '강사썰'이다. 원장님이 눈에 띄게 화려한 옷을 입고 다닌다든지, 강사가 갑자기 시술을 받아 너무 예뻐졌다든지 하는 이야기다. 사실 이런 이야기들은 동네 학원의 장단점에 대한 이야기보다 훨씬 더 각광받는다. 어떤 면에서는 원초적인 욕망을 자극하기 때문이다.

하지만 이런 이야기들은 다소 부정적이기 때문에 어두운 소셜 화폐가 아닐까 생각이 든다. 단기적으로는 화제가 될 수 있어도, 결국 학원의 신뢰와 이미지를 갉아먹는 부작용을 만들 수 있다. 따라서 원장님들은 밝고 긍정적인 소셜 화폐를 의도적으로 만들고 이를 확산시킬 필요가 있다.

예를 들어 강사 중에 아이돌 스타인 장원영스러운, 정말로 초긍정 정신으로 무장하면서 아이들을 밝게 대하는 사람이 있다고 해보자. 한 번만 만나도 아이들이 금세 잘 따르고, 10대들이 완전히 열광하는 헤메코(헤어·메이크업·코디)를 갖추고 있다. 그러면 학생들 사이에서 소셜 화폐처럼 소문이 퍼져나간다. 아이들은 그런 선생님을 보는 것만으로도 도파민이 쏟아지기 때문이다. 선생님의 존재 자체가 하나의 콘텐츠가 되고, 학원에 오는 것이 단순한 공부가 아니라 설레는 경험이 되는 것이다. 아이들은 친구를 직접 데려오고, 집에 돌아가서는 부모에게 먼저 말을 꺼낸다.

"엄마, 그 학원에 장원영 같은 선생님이 있는데, 완전 인기 짱이래. 나도 거기 다니고 싶어!"

아이의 입에서 나온 이야기를 들은 학부모도 자연스럽게 관심을 갖게 되고, 직접 그 선생님을 만나고 싶어 한다. 이러한 소셜 화폐는 일파만파 퍼지고, 학원은 어느새 아이들과 학생들로 북적거리게 된다.

버르장머리 없던 아이들도 고분고분하게 만드는 것에 탁월한 카리스마를 가진 원장이 있다고 해보자. 좀 무섭기는 할 수 있어도 아이들의 공부 습관을 완벽하게 잡아준다. 이 역시 훌륭한 소셜 화폐이다. 사실 많은 학부모들이 속으로는 자녀의 태도와 생활 습관에 대한 깊은 고민을 안고 있다. 아무리 좋은 학원을 보내도 아이가 집중하지 않고, 선생님 말을 듣지 않으며, 공부하는 척만 한다면 소용이 없기 때문이다. 그런데 그 원장님 앞에만 가면 아이가 달라진다는 소문이 퍼지기 시작하면 어떻게 될까? 평소 아이의 버르장머리 없는 태도를 못마땅하게 여기던 학부모라면 귀가 번쩍 뜨일 것이다.

이외에도 학원에서 만들 수 있는 소셜 화폐는 많다. 시험 기간에 완전히 개인에게 맞춤화된 자료를 제공하고 아이를 가르친다고 해보

자. 요즘처럼 획일화된 교육 환경 속에서, 내 아이만을 위해 따로 준비된 자료를 받는다는 경험은 그 자체로 매우 특별하다. 거기다가 학생이 힘을 낼 수 있도록 정성스럽게 손편지까지 써서 선물로 준다고 해보자. 디지털이 모든 것을 대체하는 시대에, 선생님이 직접 손으로 눌러 쓴 편지 한 장은 그 어떤 이벤트보다 감동을 줄 수 있다.

우리가 실제로 쓰는 화폐는 한국은행에서만 만들 뿐이다. 하지만 동네를 휘어잡는 학원의 소셜 화폐는 원장님들 그 누구라도 만들어 낼 수 있다. 이제 자신의 학원에서 어떤 소셜 화폐를 찍어낼 수 있을지를 고민해야만 한다.

계기의 법칙: 묶어서 연상되게 하는 법

하나의 계기로 인해서 강하게 서로 묶이는 것들이 있다. 예를 들어 나 같으면 크리스마스가 오면 머라이어 캐리가 떠오른다. 말 그대로 전설적인 캐롤송인 〈All I Want for Christmas Is You〉가 뇌리에 남아 있기 때문이다. 즉, 크리스마스라는 계기가 머라이어 캐리의 노래를 묶어버리는 것이다. 그런데 나만 이렇게 생각하는 게 아니다. 이 노래가 발표된 건 30년이 넘었지만 크리스마스 시즌만 되면 언제나 빌보드 차트 상위권에 오르기 때문이다.

이렇게 특정한 계기를 연결해서 하나로 연상해서 묶이는 것은 학원 마케팅에서도 활용할 수 있다. 내가 했던 '범어동 금쪽이라면 컨트롤 학원으로 오세요!'라는 카피가 바로 이런 계기의 법칙을 활용한 것이다. 선행학습에 지친 아이들로 인해서 학교 공부도 제대로 쫓아가지 못하는 부모에게 '금쪽이=컨트롤 학원'을 단단히 묶어서 제시하는 것이다.

또 하나 썼던 전략은 당시 우리 학원을 능가했던 최상위 수학 학원인 '황○학원'이라는 곳이 있었다. 그곳에는 많은 학생이 가고 싶어하지만, 실력이 되지 않으면 아예 등록조차 되지 않는 학원이었다. 그 상황에서 내가 그곳을 이기려고 하는 것은 무리였다. 그래서 나는 계기의 법칙을 활용해서 '황○학원 가기 위해서 필수적으로 거쳐야 하는 컨트롤 학원'이라는 공식을 만들어 퍼뜨렸다. 그래서 학부모들이 '황○학원에 가려면 일단 컨트롤 학원 가서 기본기를 다져야 된다'라는 인식을 만들었다. 비유하자면, 내가 KTX처럼 빨리 달리지 못한다면, KTX 위에 올라타서 함께 가는 방식이다. 이렇게 하면 기존에는 전혀 보이지 않았던 새로운 차원의 블루오션이 열리게 된다.

이러한 전략은 해비탯Habitat 확장 전략으로 볼 수 있다. 해비탯이란 원래 생물학적으로 '생명 유지에 필요한 요소를 갖춘 서식지'를 말한다. 예를 들면 사슴은 목초지에 있어야 생존할 수 있고, 오리는 물가에서 멀리 벗어날 수 없다. 한마디로 최적의 조합이 함께 있는 것을 말한다. 오리온 광고에 우유가 등장하는 것과 비슷하다. 비록 오리온은 우유 제조회사를 운영하지는 않지만, 이렇게 둘을 하나의 서식지로 만들어 놓으면, 사람들은 우유를 볼 때 오리온을 떠올린다. 보통 대형병원 건물의 1층에 약국들이 즐비한 것도 마찬가지다. 하나의 서식지 안에서 함께 공존하는 것이라고 볼 수 있다. 지금 동네의 상황을 살펴서 이런 계기의 법칙으로 묶을 수 있는 것이 어떤지를 파악하고, 그것을 중심으로 각종 마케팅을 하면, 조금씩 자신의 학원만이 개척해 나가는 블루오션을 만들어 나갈 수 있을 것이다.

감정의 법칙: 놀라게 하거나 화나게 하라

감정은 순식간에 사람의 마음을 뒤흔드는 엄청난 힘을 가지고 있다. 누구라도 경험해봤듯이, 단 몇 초 만에라도 사람은 순식간에 변할 수가 있다. 그러니 이러한 감정의 유발은 마케팅에서 매우 유용한 무기로 활용될 수가 있다.

우선 감정에는 고각성 감정과 저각성 감정이 있다. 저각성 감정은 말 그대로 그다지 과격하지 않은 것이다. 평온함이나 은은한 만족감, 혹은 슬프다는 느낌 등이다. 사람을 급격하게 변하지 않고, 오히려 수동적으로 만들어주는 특성이 있다. 반면 고각성 감정은 경외감, 흥분, 유머, 분노, 불안 등이 있다. 역시 이런 감정들은 사람들을 행동에 돌입하게 만들어 큰 변화를 이끌어 낸다.

그 중에서도 경외감은 상당한 각성을 불러일으키는 감정이다. 해외의 오디션 프로그램에 보면 평범해 보이는 중년 여성이나 혹은 그다지 예뻐 보이지 않는 어린이들이 등장하곤 한다. 관객들 역시 별로 기대감을 표시하지 않고 '뭘 하려고 할까?'라는 정도로 생각하고 있을 즈음, 그들이 들려주는 천상의 목소리는 시청자들로 하여금 입을 다물지 못하는 강렬한 경외감을 불러일으킨다. 그리고 그 덕분에 이런 영상들이 수억 회 조회되는 경우는 흔하다.

나 역시 이런 경외감을 불러일으키기 위해 압도적인 양의 실적으로 자랑하고 그에 걸맞은 압도적인 양의 게시물을 올린다. 지난 3년간 학원과 관련된 경영 관련 강의만 200여 개가 넘고, 리브랜딩 컨설팅을 한 원장님들만 500명이 넘는다. 여기에 스터디 카페 '더 딩글'의 전국 계약 건수는 100여 개에 가깝다. 그러니 이와 관련해 생성된 각종 인스타의 글, 사진, 영상 등은 최소한 수천 개에서 수만 개에 이를 것이다. 이를 알게 되는 사람들은 말 그대로 "우와~"라고 하면서 경외감을 느끼며 신뢰감을 표하고, 또한 이미 검증된 사람이라고 생각하면서 함께 일하고 싶어한다.

고각성 감정을 활용하는 방법으로는 아주 긍정적이거나, 차라리 화가 치밀듯한 내용을 쓰기도 한다. 그냥 고만고만한 이야기를 써봐야 큰 효과가 없기 때문이다. 예를 들어 '내일 수포자로 돌아설 아이를 살려서 반 1등한 썰'이라며 극적인 변화를 강조하는 글이거나, 혹은 '이렇게 공부하면 100% 망합니다', '대형학원 보내면 진짜 큰 일 납니다'와 같은 방식이다. 물론 이렇게 부정적인 내용을 쓸 때에도 근거와 명분은 있어야 한다. 기본 실력이 제대로 갖춰지지 않은 학생이 대형 학원에 가봐야 수업을 따라가지도 못하고 잘하는 아이들에게 치여 오히려 공부에 대한 흥미를 잃을 수 있기 때문이다. 마케팅을 하려는 원장님들이라면 바로 이러한 고각성 감정에 주목해야 한다.

대중성의 법칙: 사람들은 몰리는 곳으로 몰린다

사람들은 늘 새로운 선택을 할 때마다 약간의 불안을 느낀다. 과거에 해보지 않은 것이라면 '혹시 실패하면 어쩌지?'라고 생각하기 때문이다. 그래서 이때에 다른 사람들은 어떤 선택을 하는지를 살펴본다. 많은 사람이 비슷한 선택을 한다면, 내가 같은 선택을 하더라도 크게 실패할 것이라는 불안은 생기지 않기 때문이다. 이것은 인간의 매우 본능적인 심리다. 다수의 흐름에 몸을 맡기는 것이 훨씬 안전하다고 느끼기 때문이다. 길을 가다가도 처음 보는 식당에 사람들이 줄을 서 있으면 '와, 저 집 맛있나봐'라고 생각하는 것과 비슷하다. 물론 맛이 있으니까 사람들이 서 있겠지만, 정작 자신은 그 음식을 실제로 먹어 보지 않았으면서도 이미 생각은 맛있다는 쪽으로 기울게 된다.

이를 흔히 '밴드왜건 효과'라고 부른다. 밴드왜건은 축제나 퍼레이드 맨 앞에서 악단이 타는 화려한 마차를 말한다. 이 마차가 연주하며 지나가면 사람들이 흥겨워하며 뒤를 졸졸 따라가거나 마차에 올라타는 모습에서 유래됐다. 즉, 다른 사람이 따라가면 자신도 의심과 불안 없이 따라가는 것을 말한다. 중요한 것은 '나만 모르는 것은 아닐까, 나만 뒤처지는 것은 아닐까'라는 불안이 결국 대중의 선택을 따르게 만드는 강력한 동기가 된다는 점이다.

아마도 이런 문구를 많이 봤을 것이다. '누적 판매 1위', '완판 임박', '줄 서서 먹는 맛집' 등이다. 모두 마케팅적으로는 대중성의 법칙, 즉

밴드왜건 효과를 노리는 것들이다. 이러한 문구들이 효과적인 이유
는 단 하나다. 소비자로 하여금 '이미 많은 사람이 검증한 것'이라는
확신을 심어주기 때문이다.

학원에서도 얼마든지 이 원리를 활용할 수 있다. 나는 한 번은 이런
카피를 쓴 적이 있다.

'이번 중간고사에서 금쪽이 21명을 살렸습니다.'

여기서 중요한 점은 '많이 살렸다'라거나 '금쪽이들의 성적이 올랐
습니다'와 같은 막연한 말이 아니라는 것이다. 구체적으로 21명이라
는 숫자를 보여주는 것이 핵심이다. 바로 이러한 현실감이 많은 금쪽
이 부모들로 하여금 '우리 아이도 저기 보낼까?'라는 생각을 자연스럽
게 들게 한다. 21명이라는 숫자 속에 내 아이도 포함될 수 있다는 기
대감, 그것이 바로 밴드왜건 효과와 구체적인 숫자가 만나 만들어낸
마케팅의 힘이다.

이러한 대중성의 법칙은 강사 모집과 교육에서도 충분히 활용될
수 있다. 미국의 한 비즈니스 스쿨에서 MBA를 전공한 학생들을 대상
으로 흥미로운 실험을 한 적이 있다. 처음 입학했을 때 경영컨설턴트

라는 직업을 선택하겠다는 의견과 졸업할 즈음에 경영컨설턴트라는 직업을 선택하겠다는 의견의 변화를 살펴본 것이다. 그랬더니 처음에는 20% 정도만 '나는 졸업 후에 경영컨설턴트가 될 거야'라고 했던 수치가, 졸업이 다가오자 약 70%로 급격하게 높아졌다. 처음부터 경영컨설턴트를 꿈꿨던 것이 아니라, 주변의 분위기와 또래들의 선택이 자신의 진로관을 바꿔놓은 것이다. 이는 특정한 직업 선택의 경향성이 같은 집단 안에서 자연스럽게 다른 사람들에게 확산되는 대중성의 법칙이 작동하고 있음을 보여준다.

이런 사례에서 착안해서 나는 '또래 집단 강사 교육 시스템'을 구축했다. 강사를 뽑을 때 또래들끼리 일정한 그룹을 만들어 함께 MT에 가게 하고, 이야기하도록 만들어 주면 그들 사이에서 강사에 대한 지향성과 자부심이 훨씬 강해진다. 단순히 개인에게 '열심히 하세요'라고 말하는 것과 비슷한 나이의 또래들이 모두 열정적으로 임하는 모습을 직접 눈으로 보는 것은 완전히 다른 차원의 동기 부여다. '와, 나랑 비슷한 나이인데 모두 열심히 하는구나'라는 생각이 들면서 자신도 자연스럽게 그러한 대중성의 법칙에 이끌리게 된다. 누군가가 강요하지 않아도, 집단의 분위기 자체가 개인의 태도와 가치관을 변화시키는 것이다. 이렇게 형성된 강사 문화는 단순한 규율이나 지침보다 훨씬 오래 지속되고, 훨씬 강하게 내면화된다는 점에서 매우 효과적인 시스템이라고 할 수 있다.

실용적 가치의 법칙: 차라리 파격적으로 할인하라

사람들은 자신에게 실용적인 가치를 좇게 마련이다. 예를 들어 자신은 5,000원짜리 커피를 마셔왔고 그것이 합리적인 가격이라고 생각한다. 그런데 갑자기 2,500원짜리 커피가 나오고, 맛도 그리 나쁘지 않다면 어떨까? 5,000원 커피보다는 훨씬 실용적 가치가 강한 2,500원 커피를 선택하게 된다. 물론 그것이 단지 일시적인 가격 인하라고 해도 큰 상관은 없다. 한 번만 구매하더라도 어쨌든 자신에게는 경제적 이득을 주기 때문이다.

바로 이러한 원리를 통해서 나는 파격적인 가격 할인 이벤트와 관련된 학원 마케팅을 하곤 한다. 예를 들어 한 달에 30만 원짜리 강의가 있다고 해보자. 여기에서 5%, 10%를 할인할 수도 있다. 하지만 과연 이 정도 할인에서 강렬하고 매력적으로 느낄 수 있는 실용적 가치를 느낄 수 있을까? 그다지 강한 임팩트라고 보기는 힘들다. 사람들의 입에 오르내릴 만한 이야깃거리가 되기에는 부족하다는 의미다.

이때 나는 차라리 파격적으로 '한 달 무료!'를 내세운다. 애매하게 할인해주고 임팩트도 주지 못할 바에야 차라리 무료로 주자는 이야기다. 30만 원짜리 수업을 한 달 무료로 제공한다는 것은, 듣는 사람으로 하여금 "이게 말이 돼?"라는 반응을 이끌어낸다. 누가 봐도 비정상적인 이러한 할인 정책은 관심을 끌고 이목을 집중시키는 탁월한 마케팅 방법이 아닐 수 없다. 물론 원장 입장에서는 당장은 손해처럼 느껴질 수 있다. 하지만 그 한 달 무료 수업을 통해 아이가 학원에 적응하고, 효과를 느끼고, 부모가 신뢰를 갖게 된다면 그 이후의 장기 등록으로 이어지는 것은 자연스러운 일일 뿐이다.

2025년 3월 컴백한 BTS의 완전체 공연도 마찬가지였다. 특정 지역, 특정 공간에서 유료 공연을 하기보다는, 차라리 전 세계인을 대상으로 하는 무료 공연을 선택했으며, 넷플릭스를 통해 전 세계에 한꺼번에 송출되도록 했다. BTS 공연을 자신의 안방에서 무료로 본다는 점에서 압도적인 실용적 가치가 아닐 수 없다. 비행기를 타고 공연장을 찾아가는 수고와 비용 없이, 세계 최고 수준의 공연을 소파에 앉아 즐길 수 있다는 것 자체가 엄청난 가치다. 그리고 이 경험은 전 세계 수억 명의 입을 통해 동시다발적으로 퍼져나갔다. 결국 무료라는 파격적인 선택이 그 어떤 유료 마케팅보다 더 강력한 홍보 효과를 만들어낸 것이다. 학원 마케팅도 이와 다르지 않다. 때로는 과감하게 퍼주는 것이 가장 현명하게 돈을 버는 방법이 될 수 있다.

이야기성의 법칙: 메시지 안에 광고를 숨기다

사람들은 대체로 광고 등의 노골적인 설득에 대해서는 그다지 큰 관심을 보이지 않는다. '그저 광고일 뿐이겠지'라고 여기는 것이다. 그런데 광고가 아닌 흥미로운 이야기라면 이야기가 달라진다. 우리의 뇌는 기본적으로 이야기라는 것을 좋아하기 때문에 저항감 없이 그대로 받아들이게 된다.

이를 '트로이의 목마'에 비유할 수 있다. 그리스 연합군과 트로이 간에 무려 10년간의 전쟁이 있었을 때였다. 도저히 이길 수 없다고 판단한 그리스 연합군은 거대한 목마를 만들어 그 안에 최정예 병사를 숨겨 놓고 나머지 군대는 다른 섬으로 숨어 버렸다. 그리고 그 목마가 도망가는 그리스 연합군들이 자신들의 무사 귀환을 비는 제사를 하면서 신에게 바친 것이라는 말을 퍼뜨렸다. 이에 트로이인들은 안심하고 그 목마를 자신의 성 안으로 들였다. 승리했다는 생각에 자축하는 잔치를 벌이다 곯아떨어지자 그 사이 목마 속에 숨어 있는 병사들이 몰래 나와 성문을 열어 주었고, 섬에 숨어 있는 병사들이 한꺼번에

들이닥쳐 승리를 거뒀다.

바로 이것이 그대로 마케팅에 적용된 것이 바로 '이야기성의 법칙'이다. 겉으로는 그냥 누구나 쉽게 받아들이고 감동하는 이야기라고 여기지만, 사실 그 안에 진짜 설득의 메시지가 숨어 있어 제대로 된 마케팅의 역할을 한다는 이야기다.

앞의 블로그 글에서 이야기했던 '원장님 속 이야기'가 바로 목마 속에 숨어 있는 최정예 병사이다. 그저 원장님과 관련된 흥미진진하거나 혹은 감동적인 이야기였지만, 실제 그 목적은 원장님을 찐팬으로 만드는 마케팅이라고 할 수 있다. 때로 강사 중의 한 명이 임신을 하게 되면, 그와 관련 양육 일기를 올리고, 배부른 사진도 올리게 되면 누구라도 '부모의 마음으로 내 자신도 케어해주겠지'라고 여기게 된다. '무섭고 엄격해보였던 우리 원장님이 사실은 가슴 따뜻한 분이셨다'는 강사의 글도 트로이의 목마에 해당하는 메시지를 던진다. 광고를 광고로 보이도록 하지 말고 흥미롭고 진지하고, 감동적인 이야기로 보이게 하는 것, 이것이야말로 마케팅의 핵심 중 하나라고 할 수 있다.

새로운 진지 구축과 영토의 확장

새로운 포지셔닝과
차별화된 전략 전술을 통한
약진의 신세계

편의점은 우리나라 어디를 가든 쉽게 볼 수 있다. 번화가라면 한두 개 건물 건너서 눈에 띌 정도다. 이렇게 많이 보이는 편의점은 총 6만 개 정도다. 그렇다면 전국에 있는 학원 및 교습소는 몇 개가 될까? 그 두 배인 11만~12만 곳에 이른다. 한마디로 엄청난 밀집과 경쟁이 이어지고 있다는 이야기다. 다행스러운 것은 생존율이 다른 업종보다 다소 높다는 점이다. 아직은 견고하게 수요가 있고, 따라서 최소한의 유지는 가능하다고 볼 수 있다. 물론 현재 그렇다고 해서 앞으로도 그럴 것이라고 안심할 수는 없는 노릇이다. 단순한 생존을 넘어 2호점으로의 확장을 꿈꿀 수 있어야 비로소 건강한 성장을 꾀할 수 있다. 이를 위해서 꼭 필요한 것이 바로 학군지의 틈새를 뚫고 들어가는 명확한 포지셔닝이고, 차별화된 전략 전술을 통한 지혜로운 운영이다. 무엇보다 첫 오픈이든, 2호점의 확장이든 최대한 비용을 줄이는 경영을 통해 장기적인 생존을 함께 도모해야만 한다.

포지셔닝이 없으면 이리저리 치이다 결국 주변부로 밀려난다

장점만 있는 학원이란 존재할 수가 없다. 강사들이 잘 가르치면 그 자체를 장점이라고 할 수 있지만, 학생들이 너무 몰리면 또한 그것이 곧바로 단점이 된다. 학생들 개개인에 대한 케어가 제대로 되지 않으니, 거기에서 지쳐 떨어져 나오는 학생들도 분명히 있기 때문이다. 내가 정한 포지셔닝은 그렇게 떨어져 나오는 학생들, 그리고 아예 저 멀리 뒤처져 있는 학생들을 긁어모아 새로운 희망을 주고, 더 나은 성적을 받을 수 있도록 하는 학원이었던 셈이다.

여느 제품이나 서비스와 마찬가지로, 학원에도 포지셔닝이 존재한다. 이는 특정한 위상과 차별화된 전략을 통해 시장에서 자신만의 존재감을 뚜렷하게 각인시키는 과정이라 볼 수 있다. 상위권 특화 학원이나 내신 전문 학원이 있는가 하면, 관리형 학원 혹은 입시 컨설팅을 주력으로 하는 곳도 있다. 물론 이러한 지향점은 원장님의 실력과 노하우, 그리고 해당 지역의 상황이 적극적으로 반영되어야 한다. 다만 원장님의 개인적인 경험이 녹아든다면 훨씬 효과적인 차별화를 꾀할 수 있다.

예를 들어 원장님이 학창 시절부터 최상위권 성적을 거둔 사람이라고 가정해 보자. 이런 분들은 선행 학습을 통해 앞으로 치고 나가는 공부법에 누구보다 능통할 수밖에 없다. 실제 본인이 경험하며 그 과정에서 체득한 바가 많을 것이기 때문이다. 게다가 상위권 학생과 학부모의 심리까지 꿰뚫고 있을 확률이 높다. 그런데 만약 이런 원장님이 관리형 학원을 운영한다면 어떨까? 마치 자신에게 맞지 않는 옷을 입은 듯, 본래의 강점이 제대로 발휘되지 않을 가능성이 크다. 그런 점에서 학원의 포지셔닝은 본인의 강점과 특정 분야의 노하우를 중심에 두고, 그다음에 지역적 특색을 고려하는 것이 현명하다. 나의 경우 학군지를 공략하면서 일명 '노베이스 학원'이라는 전략으로 큰 성과를 거두었다.

물론 이 방식이 후발 주자들이 택할 수 있는 유일한 정답이라고 볼 수는 없다. 하지만 이러한 정체성이 형성된 일련의 과정을 참고한다면, 자신만의 독보적인 위치를 설정하는 데 분명 큰 도움이 될 것이다.

수학경시대회 꼴찌의 경험

스무 살 무렵, 처음으로 대학생 과외 시장에 뛰어들면서 깨달은 사실이 하나 있다. 그것은 바로 '과외 시장 또한 생각보다 경쟁이 치열하다'는 점이었다. 초기에는 모두가 그렇듯 과외 사이트 몇 곳에 홍보 글을 올려두고 연락이 오기만을 기다리곤 했는데, 현실은 결코 호락호락하지 않았다. 아무리 기다려도 먼저 연락이 오는 일은 거의 없었다. 과외를 구하려는 대학생은 넘쳐나는 반면, 학부모의 수요는 한정적이었기 때문일 것이다. 나의 학벌이 그리 좋지 않아서라고 생각할 수도 있지만, 여러 경험을 쌓다 보니 반드시 그런 것만도 아니었다. 배경이 훌륭하다고 해서 학부모에게 자동으로 선택받는 구조는 아니었기 때문이다.

결국 치열한 정글에서 생존할 방법은 나만의 포지셔닝을 구체화하는 것이었고, 그 전략이 바로 '하위권 학생 집중 공략'이었다. 수많은 대학생이 '자녀를 1등급으로 만들겠습니다'라고 장담할 때, 나는 '최소한 수포자 상태에서는 벗어나게 해드리겠습니다'를 핵심 가치로 내세웠다.

이런 전략을 구상할 수 있었던 바탕에는, 내가 비록 완전한 수포자는 아니었을지라도 최하위권 학생의 심정을 깊이 공감할 수 있었던 과거가 있었다. 실제 초등학교 5학년 때 교내 수학 경시대회에서 꼴찌를 기록한 적도 있다. 당시 어머니께서는 몸이 편치 않으셨고 아버지께서도 워낙 바쁘셔서, 가정 내 학습 케어라는 개념 자체가 전무했다. 하교 후 집으로 돌아오면 게임에 푹 빠져 지내기 일쑤였다. 결국 나는 대부분의 수포자가 머리가 나빠서가 아니라 가정의 돌봄 부재, 무너진 생활 습관, 숙제를 기피하게 되는 구조, 정서적 방치 등 여러 요소가 복합적으로 작용한 결과임을 몸소 겪었던 셈이다. 그러므로 '노베이스 학생 타깃'은 나의 실제 경험에서 길어 올린 포지셔닝이라 할 수 있다. 이후 학원 경영을 본격적으로 시작하며 소위 '금쪽이'들을 콕 집어 공략한 것도, 처음 대학생 과외에 뛰어들었을 때의 전략이 레벨업된 것이라고 볼 수 있다.

장점 많은 학원의 단점

그런데 이렇게 포지셔닝을 정했다고 하더라도, 좀 더 정교하게 설계할 필요가 있었다. 아무리 내가 좋은 포지셔닝을 정했다고 하더라도, 학부모가 심리적으로 그 안으로 빨려 들어와야 하기 때문이다. 그래서 학부모의 입장에서 생각해 보았다. 자녀가 중학생이 되면서부터 유명한 학원이라는 곳은 다 보내보고, 선행 학원에도 다니게 하고 과외를 붙여보기도 했을 것이다. 그런데 중학교 3학년 마지막 성적표를 받아 보니 수학 점수는 40~50점대를 벗어나지 못한다고 해보자.

일단 '처참하다'는 느낌을 가지지 않을 수 없다. 그다음으로는 이제까지의 방법으로는 되지 않는다는 생각을 하게 될 것이고 새로운 대안을 찾아 나서게 된다.

그렇다면 과연 그때부터는 어떤 학원을 선택하고 싶을까? 이제는 상위권이니, 선행이니 하는 말들이 전혀 귀에 들어오지 않는다. 어떻게 해서든 기초부터 다시 시작하지 않으면 고등학교 3년 동안 수학은 꽝이라는 절망적인 생각이 들고 자신을 도와줄 수 있는 학원을 간절하게 찾기 시작한다. 그런데 이 지점에서 이중적인 심리가 발동된다. 대학생 과외는 불안하고 교습소는 주변 사람들에게 다소 부끄럽다는 느낌이 든다. 그러니 이런 결론을 내리게 된다.

'너무 대놓고 허접한 곳은 좀 그런데… 내 아이들을 받아줄 수 있는 실력 있는 학원은 없을까?'

내가 지향한 것은 바로 정확하게 이 지점이었다.

'허접해 보이지 않으면서도 노베이스 학생을 받아줄 수 있는 실력 있는 강사들이 있는 학원!'

일단 노베이스 학원이라는 점을 그냥 과감하게 드러냈다. 당시만 해도 기초도 없는 학생을 노베이스로 부각하는 일은 일종의 금기라고 볼 수 있었다. 하지만 나는 어떻게 해서든 학원가에서 살아남아야 했기에 차라리 금기를 깨버려야 주목받을 수 있다고 생각했다. 동시에 허접해 보일 수는 없었기에 노베이스에 대한 나만의 철학을 정립하고 전면으로 내세웠다.

'상위권을 최상위권으로 만드는 건 쉬운 일입니다. 진짜 실력 있는 학원은 노베이스 학생을 끌어올리는 학원입니다. 우리 학원은 최상위권을 가르쳐도 아무런 무리가 없는 강사들이 노베이스 학생들을 가르칩니다.'

실제로 해당 지역에서 탁월한 실력을 가진 것은 물론이고, 한 걸음 더 나아가 해당 지역에서 키즈 시절을 거쳤던 강사를 섭외했다. 예를 들어 수원이라고 한다면 수원에서 중고등학생을 거친 강사를 채용하는 방식이다. 물론 일반적으로는 강사가 수원에서 학창 생활을 했든, 대구나 부산에서 했든 큰 상관이 없을 수도 있다. 하지만 학부모의 입장에서는 어떨까? 나와 내 아이가 살아가는 동네에서 어릴 때부터 공부했던 강사라면 뭔가 내 아이의 심정을 더욱 잘 알아줄 수 있을 것이라는 생각이 든다. 한마디로 안심하고 자녀를 맡길 수 있는 친숙함을 준다는 이야기다.

그뿐만 아니라 이러한 전략은 기존의 '장점 많은 학원이 가진 단점'을 보완하는 전략이라고 할 수 있다. 사실 장점만 있는 학원이란 존재할 수가 없다. 강사들이 잘 가르치면 그 자체를 장점이라고 할 수 있지만, 학생들이 너무 몰리면 또한 그것이 곧바로 단점이 된다. 학생들 개개인에 대한 케어가 제대로 되지 않으니, 거기에서 지쳐 떨어져 나오는 학생들도 분명히 있기 때문이다. 내가 정한 포지셔닝은 그렇게 떨어져 나오는 학생들, 그리고 아예 저 멀리 뒤처져 있는 학생들을 긁어모아 새로운 희망을 주고, 더 나은 성적을 받을 수 있도록 하는 학원이었던 셈이다. 결국 이렇게 완성된 노베이스 학원 포지셔닝은 내가 오늘날의 자리에 있게 한 큰 기반이 되었다.

포지셔닝이란 말 그대로 특정한 자리를 차지하는 일이다. 우리나라 속담에도 '누울 곳을 보고 다리를 뻗어라'라는 말도 있다. 따라서 포지셔닝을 제대로 잡지 못하면 붕 뜨게 되고, 여기 치이고 저기 치이면서 계속 주변부로 밀려나게 마련이다. 물론 그 사이 학원 매출은 늘 정체되거나 점점 떨어질 수밖에 없다. 그런 점에서 포지셔닝은 '원장님의 경험과 최대의 장점+학부모의 심리에 대한 정확한 관찰'이 만들어내는 스마트한 성장의 방정식이라고 할 수 있다.

'망하는 2호점'이 아닌
'꿈의 2호점'을 향한 제대로 된 길

> 두 명의 친구가 낯선 곳으로 해외여행을 자주 다녔다고
> 해보자. 두 명이서 잘 다녔으니까 그러면 이제 한 명이
> 라도 낯선 곳으로 여행을 잘 갈 수 있겠구나라고 생각
> 할 수 있을까? 전혀 그렇지 않다. (…) 혼자서 하게 되면
> 이미 그 자체로 불안을 느끼게 된다. 의지할 사람이 없
> 어지고 곤란한 일이 생길까 두렵기 때문이다.

첫 번째 학원을 어느 정도 성장시킨 원장님이라면 대부분 2관, 3관
을 꿈꾼다. 어쩌면 거의 대부분의 원장님이 가진 '로망'이라고 할 수도
있을 것이다. 그런데 문제는 이러한 확장의 문제를 너무 쉽게 생각하
는 분들이 많다는 점이다. 1관을 그냥 그대로 이식하면 된다든가, 혹
은 1관의 인력을 돌려가면서 쓰면 되지 않겠냐는 것이다. 더 나아가 1
관의 매출이 신통치 않아도 2관을 내면 매출이 두 배가 되니까 더 나
은 수익을 거두지 않겠냐는 막연한 기대를 하는 분들도 있다.

하지만 이러한 생각들은 꿈의 2관이 아닌, 1관까지 끌어내리는 망하는 2관이 될 수밖에 없다. 2관을 내는 일은 명확하게 '전쟁의 전선을 두 개로 늘리는 일'이라는 전제로 시작해야만 한다. 전쟁에서는 전선이 하나만 되어도 힘들다. 그런데 전선을 두 개로 늘린다면 어떨까? 곱절의 힘과 수고로움이 들어가고, 힘이 딸리게 된다. 그 결과 매출은 예상과는 정반대로 오히려 더 떨어질 수도 있다. 이러한 리스크를 전제하지 않은 섣부른 2호점 확장은 곧 독이 되어 돌아온다는 사실을 알아야 한다.

부원장의 책임감

나는 대구 경산에서 1관을 운영하다가 2관으로 확장했다. 그때만 해도 '이제껏 1관에서 충분한 경험을 해봤는데, 2관 운영이라고 뭐 그리 어렵겠어?'라고 쉽게 생각했던 것이 사실이다. 거기다가 둘 사이의 거리는 100m 정도였다. 살짝 뛰어가면 1분밖에 걸리지 않는 거리였다. 이토록 가깝기에 인력도 돌려가면서 쓰고, 한쪽에 문제가 생기면 다른 한쪽에서 충분히 대응할 수 있다고 여겼다. 하지만 막상 운영을 시작해 보니 1관을 운영하는 것과 2관을 운영하는 일은 완전히 다른 게임이라는 생각이 들지 않을 수 없었다.

일단 1관의 행정 직원이 2관의 행정 일까지 담당할 수 있다고 착각해서는 안 된다. 갑자기 일이 터지면 어떻게 대응해야 할지 전혀 모르고 그 디테일도 알 수 없다. 나도 처음에는 1관 행정 직원에게 "할 수 있어. 그게 뭐 어려워? 어차피 같은 학원인데!"라며 밀어붙인 경우도 있지만, 아무리 해도 제대로 일 처리가 되지 않았다. 결국 비록 알바라고 하더라도 2관에 따로 행정 직원을 두어야 한다는 결론에 이르렀다.

책임의 문제에서도 마찬가지다. 당시 나는 1관의 원장을 맡고 있었고, 2관에는 1관의 부원장을 파견했다. 그동안 부원장의 역할을 해왔고, 나에 대해서도 잘 알고 있으니 2관에서도 충분히 원장급의 일 처리를 해낼 수 있을 것이라 믿었다. 하지만 이 역시 너무 순진한 믿음에 불과했다. 그가 부원장의 일을 무리 없이 처리할 수 있었던 것은 원장이라는 나의 존재가 있었기 때문이다. 따라서 부원장이 곧바로 원장급의 일을 해낼 수 있는 건 아니다.

예를 들어 두 명의 친구가 낯선 곳으로 해외여행을 자주 다녔다고 해보자. '둘이서 잘 다녔으니까 이제 한 명이라도 낯선 곳으로 여행을 잘 갈 수 있겠구나'라고 생각할 수 있을까? 전혀 그렇지 않다. 혼자 하는 여행과 둘이 하는 여행은 완전히 다른 차원이다. 무엇보다 둘이 하는 여행은 서로 의지하면서 마음이 편한 상태이고, 곤란한 일이 생겨도 언제든 도와줄 자기편이 있으니 안심이 된다. 하지만 그랬던 사람이 혼자 하게 되면 이미 그 자체로 불안을 느끼게 된다. 의지할 사람이 없어지고 곤란한 일이 생길까 두렵기 때문이다.

학원 운영도 마찬가지다. 1관에서 '원장+부원장의 조합'을 해봤다고 해서 2관에서 '홀로 원장'의 일을 해내기는 매우 힘들다. 무엇보다 책임의 무게감이 완전히 다르기 때문에 혼자서 2관 전체를 책임지면서 이끌어간다는 생각을 하기가 쉽지 않다. 따라서 2관으로의 확장을 생각한다면, 또 한 명의 책임감 강한 원장이 완전히 분리된 학원을 운영할 수 있을 정도가 되어야 한다.

2관 확장을 위한 매출의 기준

1관과 2관의 거리가 가깝다는 것도 학원 운영의 실전에 들어가게 되면 별로 의미가 없는 일이다. 아무리 가깝다고 한들, 지금 1관에서 어떤 일에 몰입하던 사람이 갑자기 2관으로 뛰어간다고 해서 모든 일을 순조롭게 해결할 수 있을까? 결국 집중력은 현저하게 떨어져서 마음은 1관에 있을 뿐, 몸만 2관에 있는 허수아비의 상태에 불과하다.

또 이후에 학원을 확장할 때 1관을 초중등 전문관으로, 2관을 고등 프리미엄관으로 나누는 경우도 있다. 나 역시 이렇게 딱 구분해 놓으면 컨셉이 명확해지고, 학부모들에게도 뭔가 전문화된 학원처럼 보이게 된다.

그런데 정작 문제는 강사들 내부에서 생긴다. 1관에서 중등을 가르쳤던 강사라고 하더라도 고등학생을 가르치지 못하는 것은 아니다. 그런데 이렇게 각각의 컨셉을 명확하게 잡아버리면 중등 강사는 계속 중등 강사에 머무르게 되고, 또 다른 강사는 처음부터 고등 강사로 시작한다. 불만은 여기에서 시작된다. 중등과 고등은 학원비가 다르기 때문에 월급과 인센티브에서 차이가 날 수밖에 없다. 그러면 중등 강사는 이렇게 생각한다.

'충분히 고등을 가르칠 수 있는데, 왜 나는 중등만 해야 돼?'

결국 2관 확장을 하면서 콘셉트를 명확하게 하는 것은 좋지만, 강사의 사정과 불만도 충분히 감안해야만 한다.

마지막으로 2관 확장을 위한 매출의 기준선에 대해서도 생각해야 한다. 1관이 그다지 썩 잘되지 않는 상태라고 하더라도, 차라리 2관을 내서 매출을 늘리고 싶은 유혹을 받게 된다. 단순히 계산해도 매출이 2배가 될 수 있다고 여기기 때문이다. 하지만 2관을 마련할 때 드는 비용을 생각해야만 한다. 최소 4천만 원 정도가 들어간다고 했을 때 그것을 다시 보전하기까지는 더 힘들게 일해야 하고 더 많은 것을 신경 써야 한다. 그러다 보면 말 그대로 죽도 밥도 안 되는 상황에 처할 수가 있다.

2관으로 확장하기 위해서는 매출에 대한 명확한 기준이 있어야 한다. 그 기준은 바로 '원장님이 직접 수업을 하지 않은 상태에서 1관 매출이 월 3,000~3,500만 원이 되어야 하고, 풀타임 강사가 3명 이상이 되어야 한다'는 것이다. 일단 원장이 수업을 하게 되면 2관 경영에 대한 정신이 분산된다. 그리고 월 매출이 최소 3,000만 원도 되지 않는다면 시스템도 완전히 구축되지 않고, 학부모들도 그 학원에 대한 인지도나 신뢰도가 아직은 부족하다는 의미라고 봐야 한다. 실제로 나는 월 매출 1,500~2,000만 원 정도에서 2관을 확장했다가 중간에 포기하는 경우를 숱하게 봐왔다.

세상의 모든 매력적인 것들은 다 어느 정도의 위험성을 내포하고 있기 마련이다. 예쁜 장미에 가시가 있듯, '꿈의 2관 확장'에도 예상치 못한 리스크가 있는 법이다. 그런 점에서 확장을 위한 최소한의 매출을 확보하고, 충분히 책임감 있는 인력을 확보한 후에, 완전히 분리된 학원으로 여기면서 운영해 나가야만 한다.

또다시 등장하는 오른팔의 중요성

2관 확장에서 또다시 등장하는 것이 바로 앞에서도 말했던 오른팔의 중요성이다. 그러니까 오른팔은 단 하나의 학원만 든든하게 구축하는 데 도움이 되는 존재를 넘어서 2관, 3관으로의 확장에도 든든한 동지가 되어 준다. 일단 오른팔은 초창기부터 원장을 염두에 두고 초보자에서부터 내부 승진을 해온 인물이기 때문에 막강한 책임감을 가질 수 있고, 1관에서 운영해 왔던 원장의 스타일을 그대로 재현해낼 가능성이 매우 크다.

또한 만약 오른팔이 아닌 사람을 갑자기 1관에서 2관으로 배치하는 일도 사실 당사자의 입장에서는 불만이 생길 수 있는 요인이 되기도 한다. 1관은 이미 안정된 상태지만, 2관은 새로 시작하는 상황이다. 그러니 강사 입장에서는 '내가 왜 가야 되지?'라는 생각이 들지 않을 수 없다. 학생들을 가르치면서 월급 받고 일하는 건 당연하지만, 그렇다고

그 동일한 월급에 2관에서의 새로운 개척 업무까지 포함되는 것은 꺼
릴 수 있다.

　그러나 오른팔은 이미 함께 산전수전을 겪고, 앞으로 닥칠 리스크도
함께하며 학원을 성장시킬 많은 준비를 마친 상태이기 때문에 이러한
불만을 가질 가능성이 적다. 오히려 자신에게 주어진 새로운 기회라고
생각하며 원장만큼의 열정을 가지고 일에 임할 가능성이 크다.

인테리어 욕심을 줄이게 하는
업의 본질에 대한 고찰

실제로 나는 전통시장 분위기 물씬 나는 학원도 운영해봤고, 수학학원을 운영하면서 외부 창문에는 '국어학원'이라고 쓰인 시트지가 남아 있는 곳에서도 운영해봤다. 또 내부 곳곳에도 과거 국어학원의 흔적들이 남아 있었다. 아마도 깔끔한 성격의 원장님이라면 도저히 용납할 수 없는 부분일 것이다. 하지만 그럼에도 학원 운영에는 문제가 전혀 없었다.

어떤 사업이든 초기 창업 비용에 대한 고민은 적지 않다. 자신의 통장이나 대출 가능 금액을 들여다보면서 얼마나 써야 하는지를 고민하게 마련이다. 그런데 이런 문제에 대해서는 누구라도 '저렴하게 하면 좋은 것 아닌가요?'라고 답할 것이고, 누가 생각해도 상식이다. 하지만 실제 이렇게 하는 것을 방해하는 심리적인 요소가 있다.

가장 먼저 '인테리어에 대한 로망'이다. 기왕이면 자신의 마음에 쏙

드는 인테리어를 하고 싶기 때문이다. 또 그렇게 해야만 학부모들이 무시하지 않을 것 같다는 생각도 든다. 거기다가 학원을 오픈하면서 '1~2년 있다가 그만둬야지'라고 생각하는 사람은 드물다. 어차피 시작할 바에야 한자리에서 10년, 20년을 하고 싶은 마음이다. 그러면 '기왕 할 거 제대로 하자'는 생각이 들지 않을 수 없다. 물론 이런 마음을 내가 이해 못 할 리는 없다. 나 역시 그런 생각에 1억 원에 가까운 비용을 들이면서 멋진 인테리어를 해봤기 때문이다. 무엇보다 개인적으로 나는 승용차의 끝내주는 내외장 인테리어를 무척이나 좋아하는 사람이다. 이런 사람이 학원을 시작할 때 '저렴하게 해야지'라고 결심하기는 정말 쉽지 않은 일이다. 하지만 학원 설립 초기에 많은 돈을 들이는 것이 결국 의미 없음을 느끼기까지 그리 오랜 시간이 걸리지는 않았다.

새 건물, 새 인테리어는 '최후의 수단'

경산 컨트롤 1관을 열었을 때 들었던 총 금액은 1억 4천만 원 정도였다. 보증금이 5천만 원이었으니 9천만 원, 거의 1억 원이 고스란히 인테리어에 들어간 셈이다. 물론 결과는 내 마음에 쏙 들었다. 인근 여느 학원에 비해서도 높은 수준이었고, 학생들도 좋아하고 학부모들도 만족스러운 눈치였다. 여기까지는 행복했지만, 그때부터는 행복 끝, 고생 시작이었다. 오픈 이후 원금 회수까지 너무 많은 시간이 걸리게 된 것은 물론이고, 심지어는 유지를 위해 개인 돈을 매달 500만 원씩 태워야 하는 출혈을 겪기도 했다.

이러한 경험을 한 번 한 뒤로 오픈 비용을 최소화하겠다는 생각이 들었고, 2관을 열었을 때는 보증금 2천만 원까지 포함해서 총 4천만 원 정도만 들였다. 그러니 실질적으로 들어간 금액은 2천만 원에 불과했고, 만약 한 달 순수익이 500만 원 정도라면 4개월이면 빠르게 회수할 수 있게 됐다. 이렇게 하면 마음이 가벼워지고, 현금 회전에도 문제가 없어서 훨씬 자유로운 상태에서 학원을 운영해 나갈 수 있게 된다.

이렇게나 저렴한 가격에 2관을 오픈할 수 있었던 이유는 바로 망한 학원을 인수했기 때문이다. 천장과 칸막이가 모두 있는 곳이라면 도배와 장판 정도만 바꿔도 바로 오픈할 수 있고 규모에 따라서는 최소 1천만 원 정도로도 가능하다.

인테리어에 대한 욕심에서 벗어나기 위한 하나의 방법은 '업의 본질'을 다시 한 번 생각해 보는 것이다. 물론 실내 인테리어가 매출에 직접 영향을 주는 업종은 분명히 존재한다. 명품숍이나 고급 바(bar)라면 이미 인테리어 자체가 돈을 부르는 요인이 된다. 인테리어가 뿜어내는 분위기 자체가 하나의 아우라가 되기 때문이다. 그러니 인테리어에 돈을 들이는 것은 당연하다.

하지만 학원은 어떨까? 인테리어가 매출에 직접적인 영향을 미치지는 못한다. 왜냐하면 학원의 본질은 첫째로는 잘 가르치는 것이고, 두 번째는 잘 관리하는 일이다. 인테리어가 좋다고 학생의 성적이 오르는 것도 아니고, 강사의 말을 잘 들어서 생활 습관을 바꾸지도 않는다. 따라서 본질이 아닌 것에 집중하는 일이야말로 의미 없고 가치 없다고 해도 결코 과언이 아니다.

부자의 희망이 움트는 시기

실제로 나는 전통시장 분위기가 물씬 나는 학원도 운영해 봤고, 수학 학원을 운영하면서 외부 창문에는 '국어 학원'이라고 쓰인 시트지가 남아 있는 곳에서도 운영해 봤다. 또 내부 곳곳에도 과거 국어 학원의 흔적들이 남아 있었다. 아마도 깔끔한 성격의 원장님이라면 도저히 용납할 수 없는 부분일 것이다. 하지만 그럼에도 학원 운영에는 문제가 전혀 없었다.

중요한 점은 인테리어가 어떠냐가 아니라, 오픈 후 첫 학기 원생 모집과 매출이 어느 정도가 되느냐는 점이다. 물론 여기에도 명확한 기준이 있다. 우선 원장님 혼자 강의를 한다고 하면 원생 20명에 매출 500만 원이다. 여기에 월세를 최대 200만 원, 유지비를 50만 원으로 잡으면 최저 생계비 정도인 250만 원이 남는다. 물론 이 정도 수준이면 '겨우 밥 먹고 산다'라는 정도이다. 하지만 그래도 처음부터 이 정도면 나쁘지 않은 수준이다.

만약 원생이 50명 정도로 불어나면 순식간에 "그래도 월급쟁이보다는 낫네"라는 생각이 들게 마련이고, 100명까지 오르면 "이러다 잘하면 부자 될 수도 있겠어"라는 희망이 부풀어 오른다. 물론 이 정도에서는 원장님 혼자서 그 학생들을 다 케어하기는 불가능하다. 따라서 강사를 2명 정도는 써야 할 것이고, 그 부대비용까지 빼면 원장님의 순수익은 1,500만 원이 된다. 이 정도면 1차적으로는 매우 훌륭한 수준이 아닐 수 없다. 그리고 이렇게 꾸준하게 발전하게 되고, 어느 정도 현금이 쌓이게 되면 비로소 이때 과거 이루지 못했던 인테리어에 대한 로망도 이룰 수 있게 된다. 비로소 가장 좋은 위치, 가장 좋은 건물, 그리고 자신이 만족할 만한 인테리어로 새단장을 하는 학원을 오픈할 수 있게 된다.

결국 학원의 오픈은 그것이 첫 창업이든, 혹은 2호점으로의 확장이든 처음에는 소박하게 시작하며 차분하게 운영하는 것이 핵심이다. 학원의 본질이 아닌 부분은 걷어내고, 강의와 관리에 집중하다 보면 어느 순간 정말로 '멋진 학원의 돈 잘 버는 원장'이 될 수 있기 때문이다.

후광효과를 노리면 학원 위치가 더욱 빛나는 이유

입지에서 한 가지 더 주목해야 할 입점 업체가 있다면 바로 소아청소년과 의원이 있는 곳이다. 아이를 키우다 보면 학부모들은 늘 소아청소년과 의원을 들락거릴 수밖에 없다. 역시 인지도와 접근성에서는 매우 탁월하다고 볼 수 있다. 이렇듯 한 건물에 있는 입점 업체들이 무엇이냐에 따라서 나름의 후광 효과를 누릴 수도 있다는 점을 잊어서는 안 된다.

학원 경험이 아예 없거나 별로 없는 원장님들의 경우에는 학원의 입지나 위치에 대해서도 많은 고민을 한다. 학원도 결국에는 '동네 장사'라는 개념이 매우 강하기 때문에 어디에 위치해 있느냐에 따라 매출도 큰 영향을 받기 때문이다. 이럴 때는 '무리해서라도 좋은 위치에 가야 그나마 매출이 오르고, 많이 알려지지 않겠냐'는 생각을 하시는 분들도 있고, 아니면 정반대로 '학원이 없는 곳으로 가야 차라리 독보적인 존재가 될 수 있지 않겠냐'고 생각하시는 분들도 있다. 거기다가 학원이 몰려 있는 큰 건물에 가야 좋을 것이라 여기는 분도 있고, 차라리 작은 건물에 가야 오히려 눈에 띌 수 있다고 보는 사람도 있다. 사실 어떤 견해도 다 나름의 일리가 있고, 특정한 장점이 있을 수는 있다. 하지만 우리가 늘 염두에 두어야 할 점은 '현실적인 제약'이다. 감당할 수 있는 비용, 원장님 본인의 실력, 쏟아부을 수 있는 에너지 등을 총체적으로 감안한 선택을 해야만 결국 가장 똑똑한 전략을 갖출 수 있고, 이미 학원들이 즐비한 학군지에서도 조금씩 성장해 나갈 수 있기 때문이다.

지리산도 괜찮지 않을까?

처음 학원을 열 때 나는 입지보다는 실력이 단연코 우선이라고 생각했었다. 농담을 섞어서 '성적이 오를 수 있다면 지리산 꼭대기에 있어도 학생들이 찾아오지 않을까?'라고 생각하기도 했다. 하지만 현실적으로 지리산 꼭대기에 학원을 열 수는 없으니 결국에는 자신의 상황에 맞는 최적의 입지를 찾아갈 수밖에 없다.

물론 1차적으로 가장 선호되는 곳은 이미 학원들이 빽빽하게 몰려 있는 메인 학원가이다. 일단 그런 곳은 대중교통이 잘 갖춰져 있어 학생들이 오가기 편할 뿐만 아니라, 학부모들에게도 심리적으로 매우 익숙한 지역이다. 학원의 정확한 위치를 장황하게 설명할 필요 없이 큰 길목의 이름만 대도 금방 알아듣고, 심지어 1층에 있는 유명한 음식점이나 카페 이름만 말해도 '아, 그 건물!'이라며 고개를 끄덕인다. 한마디로 인지도가 높고 총체적인 접근성이 보장된 검증된 지역이라고 할 수 있다.

메인 학원가의 핵심 입지로 들어가려면 상당한 보증금과 월세라는 비용 부담이 뒤따른다. 게다가 그런 자리는 임대 물건이 쉽게 나오지도 않아 들어가고 싶어도 들어갈 수 없는 경우가 허다하다. 그래서 나는 대안으로 '학원가의 끝자락'을 최종 마지노선으로 잡으라고 조언한다. 중심에서는 최소한 '학원가'라는 테두리 안에 속하게 되며, 학부모들이 느끼는 심리적 거리감과 실제 접근성을 동시에 확보할 수 있기 때문이다.

반면에 신도시나 새롭게 형성되는 주거 단지에서 '내가 이 인근 일대를 독점해서 다 잡아먹겠다'는 포부로 뛰어드는 분도 있다. 물론 운과 실력이 따라준다면 충분히 가능한 시나리오다. 하지만 만약 그곳에서 입소문이 나고 학생 수가 100명 정도로 불어난다면 그다음엔 어떤 일이 발생할까? 그 상황을 가만히 지켜보던 다른 학원 원장님들이 이제 수익성이 검증되었다고 판단하며 슬며시 그 지역으로 하나둘씩 밀고 들어오게 된다. 학생들이 몰린다는 사실이 확인된 이상, 그곳은 이미 인근에서 가장 탐나는 최적의 입지가 되었기 때문이다. 따라서 이때 경쟁 학원들이 우후죽순 들어오게 되면, 처음 고생하며 학원을 열었던 원장님은 훌륭한 개척자이자 선구자의 역할은 수행했을지언정, 정작 그 공을 온전히 인정받지는 못하게 된다. 결국 순식간에 레드오션으로 변해버린 시장에서 수많은 '원 오브 뎀(One of them)' 중 하나가 되어, 오픈 초기보다 훨씬 더 치열하고 힘겨운 생존 싸움을 이어나가야 한다. 따라서 이렇게 험난한 선구자 역할을 자처하며 진을 빼지 말고, 차라리 이미 형성된 학원가의 끝자락으로 가서 앞선 선구자들이 다져놓은 열매를 따 먹는 것이 훨씬 효율적이고 나은 선택이라고 본다.

같은 건물 입점업체의 후광 효과

학원의 층수 결정 역시 초보 원장님들에게는 매우 고민스러운 대목일 수 있다. 일반적으로 임대료 부담을 대폭 낮추고 싶다면 높은 층수를 선택하는 것이 하나의 전략적인 방법이 된다. 예를 들어 30층짜리 대형 복합 건물의 29~30층 같은 고층부는 저층부에 비해 임대료가 다소 저렴하게 책정되는 편이다.

하지만 이런 선택에는 치명적인 단점이 존재한다. 건물 외벽에 붙이는 간판 자체가 무의미해진다는 점이다. 따라서 나는 임대료와 홍보 효과 사이의 절충안으로, 차라리 규모가 작은 건물의 2~3층 정도를 최적의 대안으로 제시하곤 한다. 그렇게 하면 외부 간판의 가독성을 충분히 확보할 수 있고, 건물의 규모 자체가 작기 때문에 대형 빌딩보다 상대적으로 저렴한 임대료를 유지하며 실익을 챙길 수 있기 때문이다.

건물을 선택할 때 꽤 똑똑한 방법 중 하나는 같은 건물에 있는 다른 입점 업체의 후광 효과를 노리는 것이다. 예를 들어 파리바게뜨, 배스킨라빈스, 뚜레쥬르 등이 입점한 건물은 확실히 효과가 있다. 아이들과 학부모가 자주 들르는 곳이기 때문에 새로 학원이 오픈했다면 궁금증을 유발할 수 있고, 그 자체로 광고 효과도 있다. 물론 이런 건물은 임대료가 다소 비쌀 수는 있지만, 충분히 투자할 만한 가치가 있다고 볼 수 있다.

입지에서 한 가지 더 주목해야 할 입점 업체가 있다면 바로 소아청소년과 의원이 있는 곳이다. 아이를 키우다 보면 학부모들은 늘 소아청소년과 의원을 들락거릴 수밖에 없다. 역시 인지도와 접근성 면에서 매우 탁월하다. 이렇듯 한 건물에 있는 입점 업체들이 무엇이냐에 따라서 나름의 후광 효과를 누릴 수도 있다는 점을 잊어서는 안 된다.

마지막으로는 한 지역에서 학원을 운영하다가 일정한 한계를 느껴서 옆 동네로 학원을 옮기려는 경우도 생길 수 있다. 하지만 이런 이전은 특별히 신중하게 생각해야 한다. 예를 들어 원생 16명이 다니는 학원을 운영하며 지역적 한계로 이전을 고민하던 원장님을 컨설팅한 적이 있었다. 원장님의 사정은 이해하지만, 나는 적극 만류했다. 16명이 이미 확보된 상태에서 내실을 다지는 것과, 옆 동네로 옮겨 0명부터 다시 시작하는 것에는 엄연한 차이가 있기 때문이다. 물론 이럴 때 '학원 차량을 운영하면 되지 않을까요?'라고 반문하기도 하지만, 언제 이탈할지 모르는 16명 때문에 차량 운행까지 시작하는 것은 오히려 없던 리스크까지 스스로 떠안는 격이다.

평범한 원장님이
비범한 결과를 얻을 수 있는 비결

한국인이라면 어린아이부터 할아버지, 할머니에 이르기까지 공통적인 신념이 하나 있다. 바로 '열심히 하자'이다. 그 무엇이든 열심히, 성실히 하고 쉬지 않고 하는 태도가 기본적으로 깔려 있다. 그래서 남들이 뭐라고 하거나, 혹은 남들이 놀고 있을 때에라도 정말로 '열심히' 한다.

하지만 나는 모든 경영의 문제점은 바로 여기에서 시작한다고 본다. 바로 '혼자서만' 열심히 하기 때문이다. 원장님들은 늘 혼자서만 열심히 하다가 지치게 되면 결국 이렇게 말한다.

"직원들이 내 맘 같지가 않아."

자신이 열심히 하는 모습을 보고 함께 마음을 합쳐서 열심히 해주기를 내심 바라지만, 그렇게 하지 않더라는 불만이자 한탄이다. 그런데 이런 말을 하는 분들일수록 평소에 거의 하지 않는 것이 있다. 바로 직원들에게 "우리 함께하자", "함께 성장하자"고 말하지 않고, 동기부여도 하지 않고, 강력하게 그들을 이끌지도 않는다. 이렇게 하는 이유는 딱 하나이다. 아직 자신의 정체성을 경영자로 인식하지 않고, 따라서 자신을 사람을 이끌어가는 '리더'라고 규정하지 않기 때문이다. 하지만 이러한 태도는 오히려 자신과 직원들의 성장을 방치하는 꼴이다.

'철강왕'이라고 불렸던 앤드류 카네기는 이런 말을 했다.

"팀워크는 평범한 사람들이 비범한 결과를 얻도록 해주는 연료다."

사실 나 역시 이 책을 읽는 많은 독자분과 크게 다를 것 없는 평범한 사람이다. 내가 무슨 재벌 2세처럼 어린 시절부터 경영자 수업을 받은 것도 아니고, 경영에 대한 비범한 능력을 타고난 것도 아니다. 그럼에도 많은 분이 배우고 싶어 하는 비범한 노하우를 전파할 수 있게 된 것은 끊임없이 사람을 키우고, 독려하고, 그들을 성장시키면서 강력한 팀워크를 만들었기 때문이다.

스스로 비범한 사람이 되는 법

나는 많은 원장님, 혹은 예비 원장님들이 가지고 있는 학원의 성장에 대한 생각의 로직 자체를 바꿔야 한다고 본다. '내가 열심히 하면 학원이 발전하겠지?'가 아니라 '어떻게 모두가 최선을 다하게 만들어 탁월한 성과를 낼까?'가 되어야 한다는 이야기다. 그렇지 않은 경우 필히 한계에 도달하게 된다. 그렇게 혼자서만 열심히 하다 보면 결국 지쳐 쓰러지게 마련이고 비로소 현타가 온다.

'뭐야, 나 지금 소금 만드는 염전에서 일하는 노예야?'

하지만 이 말은 크게 틀리지 않다. 노예처럼 혼자서만 열심히 일하면 결국 노예일 뿐이고, 학원의 성장 역시 노예가 해온 수준에서 멈출 뿐이다. 인근 동네에서 망하지 않은 구멍가게는 될 수 있어도, 그 이상의 사업으로 발전하는 것은 불가능하다.

나 역시 악으로 깡으로 버티는 스타일이다. 몸이 아파도 웬만하면 참는 스타일이고, 약으로 버틴다. 시간이 아까워 병원도 잘 가지 않는다. 또 아이들에게, 함께 일하는 강사들에게 피해를 줄까 봐 그렇게 하지도 못한다. 하지만 인간인 이상, 그것이 언제까지나 가능할 리는 없다. 이러한 상황에서 벗어나는 유일하면서도 최고의 방법은 결국 스스로 경영자, 리더가 되어 강력한 팀워크를 만들어야 한다는 점이다. 따라서 원장님들은 하루 24시간 '어떻게 함께 성장할 수 있을까, 어떻게 하면 우리 모두가 열심히 노력할 수 있을까'에 골몰해야 한다. 이것이야말로 진정한 학원의 성장을 가져오고, 본인 스스로가 비범한 사람이 되는 지름길이라고 할 수 있다.

이 책을 통해서 더 나은 학원 경영자가 되는 것에 조금의 영감이라도 얻었다면 큰 보람일 것이다. 만약 이 책에서조차 풀지 못했던 문제가 있다면, 많은 오프라인 만남 속에서 함께 머리를 맞대어 풀어 나가기를 기대한다.

노빠꾸 학원
경영학 개론

1판 1쇄 펴낸날 2026년 4월 17일

지은이 이동헌

펴낸이 나성원
펴낸곳 나비의활주로

책임편집 김정웅
디자인 BIG WAVE

전자우편 butterflyrun@naver.com
출판등록 제2010-000138호
상표등록 제40-1362154호
ISBN 979-11-24401-10-1 03320

※ 이 책은 저작권법에 따라 보호받는 저작물이므로 무단 전제와 무단 복제를 금지하며,
  이 책의 내용을 전부 또는 일부를 이용하려면 반드시 저작권자와 도서출판 나비의활주로의
  서면 동의를 받아야 합니다.

※ 책값은 뒤표지에 있습니다.
※ 잘못된 책은 구입하신 곳에서 바꾸어드립니다.